深圳市中级人民法院
SHENZHEN MUNICIPAL INTERMEDIATE PEOPLE'S COURT

深圳市法院文化建设丛书

审判权力运行机制改革研究

以完善审判权力结构为思路的理论分析与制度构建

万国营等◎著

人民法院出版社

图书在版编目（CIP）数据

审判权力运行机制改革研究：以完善审判权力结构为思路的理论分析与制度构建 / 万国营等著. —北京：人民法院出版社，2018. 10
ISBN 978 - 7 - 5109 - 2195 - 7

Ⅰ. ①审…　Ⅱ. ①万…　Ⅲ. ①审判—司法制度—体制改革—研究—中国
Ⅳ. ①D925. 04

中国版本图书馆 CIP 数据核字（2018）第 142546 号

审判权力运行机制改革研究：
以完善审判权力结构为思路的理论分析与制度构建

万国营等　著

策划编辑：韦钦平　责任编辑：李安尼、周利航　执行编辑：张　怡
出版发行：人民法院出版社
地　　址：北京市东城区东交民巷 27 号（100745）
电　　话：（010） 67550579（责任编辑）　67550558（发行部查询）
　　　　　65223677（读者服务部）
客服 QQ：2092078039
网　　址：http://www.courtbook.com.cn
E - mail：courtpress@sohu.com
印　　刷：保定市中画美凯印刷有限公司
经　　销：新华书店

开　　本：787 × 1092 毫米　1/16
字　　数：216 千字
印　　张：15. 25
版　　次：2018 年 10 月第 1 版　2018 年 10 月第 1 次印刷
书　　号：ISBN 978 - 7 - 5109 - 2195 - 7
定　　价：48. 00 元

《审判权力运行机制改革研究》作者名单

万国营

郭毅敏　肖宏开

袁银平　王德军　胡曲云　王惠奕
霍　雨　翟　墨　范志勇　周建康
叶　艳　黄超荣　张明军　田　娟

前　言

长期以来，我国法院审判权运行机制行政化倾向突出，具体表现在裁判定案机制的“多层级、多主体、复合型的行政化”，案件裁判的层级审批不仅损害程序公正和审判独立，还导致权责不明，影响审判效能，制约审判能力提升。“行政化”问题的产生由来已久。其原因一方面可归结为体制因素，主要是高度层级化的紧密型组织体系，行政主导的职权结构，纵向监督的高度控权模式，集中统一的管理模式，高度科层化的法官管理体制。另一方面可归结为观念因素，重实体轻程序的实质正义观念，法律工具主义，集中统一治理理念，都是行政化问题产生的土壤。

随着对审判工作规律的认识不断深化，围绕审判权力运行机制去“行政化”的改革也渐次展开。最高人民法院前三个“五年改革纲要”期间，着眼还权于合议庭，力图在审判组织独立审判和管理监督之间寻找新的平衡，开始由工作机制、管理机制深入到职权配置层面，并开创性地提出了审判权与审判管理权的二元权力结构理论。党的十八大以来，各地法院在中央统一部署下，在最高人民法院指导下，先后就审判组织模式、司法责任制、审判监督管理模式、审判委员会制度、法院管理体制等进行了一系列探索创新。从实践情况看，这些阶段的改革取得了一定成效和经验，但也暴露出一些问题，如以主审法官为核心的合议庭独立办案制权责利平衡机制存在缺陷，审判的组织、管理层级结构难以打破，院、庭长管理监督职权存在异化，对审判职权结构、职权运行的内在规律把握不够，亟待通过系统全面的审判权力运行机制改革来进一步解决。

在此背景下，深圳市中级人民法院承担了最高人民法院2014年度审判理论重大课题，从完善审判权力结构的理论基础和制度构建上，对审判权力运行机制改革进行了全面系统的研究。

理论是实践的先导。深圳中院从权力结构理论上厘清审判权的内涵，基于管理与监督的不同内涵、运行要求和权能价值，创造性地提出了审判权是核心，审判管理权和审判监督权是保障的"一体两翼"三元权力结构理论。以这一理论为指导，深圳中院结合本地区的改革实践，为构建科学的审判权运行机制提供了一套可行的制度方案。一是重构审判权配置体系，在裁判主体上突出法官和合议庭的审判主体地位，在权力内容和机制构建上明确各类审判组织及其成员的权力、行权方式和程序。二是重构审判管理权配置体系。建立宏观管理指挥层面、中枢管理枢纽层面和日常管理微观层面的扁平化层级管理关系。三是重构审判监督权配置体系。明确审判监督的权力主体，完善监督内容和机制构建，通过完善裁判标准统一机制、案件督办机制、案件评查机制等提升监督的有效性。四是完善司法责任制，明确司法责任的主体，构建系统的责任体系，同时健全评价机制、建立规范化的责任追究程序。五是重构审判权运行保障机制。在法院人员分类管理和职业保障改革逐步推进的基础上，建立依法履职保护机制、排除非法干预机制和有效的激励机制，为审判权科学健康运行提供有力保障。

审判权、审判管理权和审判监督权"三权"划分和"一体两翼"的权力结构理论，在深圳地区法院的审判权运行机制改革试点工作中得以检验和全面运用，逐步确立了一整套比较符合司法规律和地方法院实际情况的审判权运行机制。这一理论得到了最高人民法院的肯定和推广，深圳地区许多有代表性的改革举措和经验，也为全国法院探索构建科学的审判权运行机制提供了一份有价值的参考样本。

本书的出版，正是对深圳中院审判权运行机制改革理论研究和实践成果的凝结和回顾，希望书中蕴含的理论思辨和制度设计能够继续带来更多启发，为深化司法体制综合配套改革、全面落实司法责任制提供更多有益参考。

目　　录

引 言

党的十八大以来，人民法院改革面临着前所未有的重大历史机遇，全面深化改革的新一轮大潮正在兴起。人民法院是国家审判机关，审判工作的根本价值目标是“努力让人民群众在每一个司法案件中感受到公平正义”，这一目标的实现需要科学的机制保障。因此，在当前人民法院的各项改革中，审判权力运行机制改革无疑是一项具有基础性地位、全局性影响的重大改革。党的十八届三中全会对此专门部署，明确了“让审理者裁判，由裁判者负责”的改革方向。为贯彻落实好中央改革精神，最高人民法院从2013年底开始，部署上海、深圳、成都等部分地方法院开展审判权运行机制改革试点。

审判活动是非常专门化、复杂化的职权活动，其运行机制改革必然是一个复杂的实践发展过程，同时也是一个重大理论课题。这一改革要解决的主要问题，是审判权力运行机制的“行政化”问题，这是当前的普遍共识。对此，多年来各地法院进行了多方面改革探索，但总体效果并不理想。其中一个重要原因，在于对改革所涉及的一系列重要问题缺乏系统、深刻的理论认识。正如毛泽东曾指出的那样，“我们不但要提出任务，而且要解决完成任务的方法问题。我们的任务是过河，但是没有桥或没有船就不能过。不解决桥和船的问题，过河就是一句空话。不解决方法问题，任务也只是瞎说一顿”。[①] 对审判权力运行机制改革而言，要跨越“行政化”的深水激流，需要解决好理论指导这个桥和

① 毛泽东：《关心群众生活，注意工作方法》，载《毛泽东选集》（第1卷），人民出版社1991年版，第139页。

船的问题。只有在正确的理论观点支持和理论方法指引下，我们才能对审判权力运行机制改革有系统、规律性的认识和把握，才能妥善处理改革中复杂多变的具体矛盾，始终保持改革的正确目标方向和方法策略。本调研课题，力求在深入总结各地法院近年来改革经验，吸收近年来审判理论研究成果的基础上，对审判权力运行机制中的重大问题及改革思路、制度解决方案进行系统的理论分析，从而构建一种具有普遍适用性的改革理论范式。

第一章　现实之惑

——现行审判权力运行机制问题审视

改革必须坚持问题导向，而正确认识问题是科学改革的基本前提，这是事物改革的一般逻辑。具体到审判权力运行机制改革而言，目前普遍认为主要是要解决“行政化”问题，即围绕“去行政化”的方向推进改革，以期建立具有中国特色、符合司法规律的审判权力运行新机制。要确保这一改革真正取得成效，必须进一步解放思想，遵循司法规律，实事求是地对“行政化”问题进行深入分析，为科学谋划改革奠定认识基础。

一、基本状况——我国法院现行审判权运行机制概述

我国法院现行审判权运行机制呈现什么样的制度面貌，或者说改革要面对一种什么样的制度现实，是首先要理清的问题。

总体上，我国法院现行审判权力运行机制是一个法律与实践交织的复杂制度体系。它主要包括两个层面的内容：第一个层面即法律制度，除了宪法的原则性规定，主要体现在人民法院组织法和刑事、民事、行政三大诉讼法当中，另外还包括最高人民法院的相关司法解释。第二个层面即管理制度，也就是全国各级法院针对法律规定不明确、未涉及之处，根据审判工作实际需要，在长期的司法实践中逐渐形成的具有普遍性的一系列管理制度，比如审判委员会工作制度、审判流程管理制度等等。同时，相关制度体系也在不断丰富和发展。改革开放以来，我国经济和社会发生急剧变化，而有关审判权权力配置、运行机制的法律规定

相对滞后。为了有效适应形势变化，更好地发挥审判职能，各地法院持续进行了多方面的改革探索，其中一些改革经验逐步实现由点到面的推广，这使得审判权运行机制在不断丰富新内涵的同时，也在各地法院之间呈现出一种不同步性。

综合全国各地法院情况看，这套复杂、繁杂的审判权运行机制，在当前阶段大致可以概括为审判权行使的组织形态、审判权行使的规制方式、审判权行使的评价机制、审判权行使的责任机制等四个方面的制度内容。

（一）审判权行使的组织形态

根据《宪法》第131条[①]规定，审判权由人民法院依照法律规定独立行使，不受行政机关、社会团体和个人的干涉。而人民法院行使审判权，必须通过一定的具体组织形式进行，这种代表人民法院对案件进行审理和裁判的组织形式，就是审判组织。[②] 审判组织是实际行使审判权的主体，具有法定性，即审判组织必须由法律规定。在这方面，我国现行法律规定是存在区别的。《刑事诉讼法》[③]《民事诉讼法》[④] 规定的审

---

① 《宪法》第131条规定："人民法院依照法律规定独立行使审判权，不受行政机关、社会团体和个人的干涉。"

② 郭成伟、宋英辉：《当代司法体制研究》，中国政法大学出版社2002年版，第78页。

③ 《刑事诉讼法》第183条规定："基层人民法院、中级人民法院审判第一审案件，应当由审判员三人或者由审判员和人民陪审员共三人或者七人组成合议庭进行，但是基层人民法院适用简易程序、速裁程序的案件可以由审判员一人独任审判。高级人民法院审判第一审案件，应当由审判员三人至七人或者由审判员和人民陪审员共三人或者七人组成合议庭进行。最高人民法院审判第一审案件，应当由审判员三人至七人组成合议庭进行。人民法院审判上诉和抗诉案件，由审判员三人或者五人组成合议庭进行。合议庭的成员人数应当是单数。"

④ 《民事诉讼法》第39条规定："人民法院审理第一审民事案件，由审判员、陪审员共同组成合议庭或者由审判员组成合议庭。合议庭的成员人数，必须是单数。适用简易程序审理的民事案件，由审判员一人独任审理。陪审员在执行陪审职务时，与审判员有同等的权利义务。"

第40条规定："人民法院审理第二审民事案件，由审判员组成合议庭。合议庭的成员人数，必须是单数。发回重审的案件，原审人民法院应当按照第一审程序另行组成合议庭。审理再审案件，原来是第一审的，按照第一审程序另行组成合议庭；原来是第二审的或者是上级人民法院提审的，按照第二审程序另行组成合议庭。"

判组织为合议庭、独任庭，《行政诉讼法》[①] 规定的审判组织为合议庭，《人民法院组织法》第 9 条[②]、第 10 条[③]还规定了审判委员会作为审判组织。综合上述法律规定，我国法院行使审判权采取合议制、独任制、审判委员会三种组织形式。

一是合议制，即由三名以上为单数的审判人员组成合议庭，以人民法院的名义，具体行使审判权，对案件进行审理并裁判的审判组织制度。根据相关法律规定，除事实清楚、证据充分且被告人承认自己所犯罪行，对指控的犯罪事实没有异议并对适用简易程序没有异议的刑事案件；事实清楚、权利义务关系明确、争议不大的简单的民事案件以及以特别程序审理的部分民事案件可以在基层法院实行独任审判外，其他案件均由各级法院实行合议庭审理。因此，合议制是我国法院审判案件主要的审判组织形式。合议庭由审判员（含助理审判员）或者人民陪审员组成。其中，人民法院适用第二审程序审理案件时只能由审判员（含助理审判员）组成合议庭。合议制的设置主要是为了发挥集体智慧，克服审判人员个人认识的片面性和知识的局限性，防止个人专断，因此采取平权式结构，合议庭的审判活动由审判长主持，全体成员平等参与案件的审理、评议、裁判，共同对案件质量负责。

二是独任制，即由审判人员一人对具体案件进行审理并裁判的审判组织制度。独任制仅在基层人民法院审理的特定第一审案件或部分特别程序案件中适用。根据法律规定，对于简单的民事案件、轻微的刑事案

---

① 《行政诉讼法》第 68 条规定："人民法院审理行政案件，由审判员组成合议庭，或者由审判员、陪审员组成合议庭。合议庭的成员，应当是三人以上的单数。"

② 《人民法院组织法》第 9 条规定："人民法院审判案件，实行合议制。人民法院审判第一审案件，由审判员组成合议庭或者由审判员和人民陪审员组成合议庭进行；简单的民事案件、轻微的刑事案件和法律另有规定的案件，可以由审判员一人独任审判。人民法院审判上诉和抗诉的案件，由审判员组成合议庭进行。合议庭由院长或者庭长指定审判员一人担任审判长。院长或者庭长参加审判案件的时候，自己担任审判长。"

③ 《人民法院组织法》第 10 条规定："各级人民法院设立审判委员会，实行民主集中制。审判委员会的任务是总结审判经验，讨论重大的或者疑难的案件和其他有关审判工作的问题。地方各级人民法院审判委员会委员，由院长提请本级人民代表大会常务委员会任免；最高人民法院审判委员会委员，由最高人民法院院长提请全国人民代表大会常务委员会任免。各级人民法院审判委员会会议由院长主持，本级人民检察院检察长可以列席。"

件和法律另有规定的案件，可以由审判员一人独任审判。在司法实践中，为了应对案件数量的激增，目前将上述案件交由助理审判员一人独任审判，已经是许多基层法院的常见做法。独任制的设置主要是为了节约审判资源，提高审判效率，确保多数简易案件可在较短的时间内快速审结。

三是审判委员会。根据《人民法院组织法》第10条规定，各级人民法院设立审判委员会，实行民主集中制；审判委员会的任务是总结审判经验，讨论重大的或者疑难的案件和其他有关审判工作的问题。根据《最高人民法院关于改革和完善人民法院审判委员会制度的实施意见》第11条[①]内容对审判委员会讨论案件的范围进行了列举：（1）合议庭意见有重大分歧、难以作出决定的案件；（2）法律规定不明确，存在法律适用疑难问题的案件；（3）案件处理结果可能产生重大社会影响的案件；（4）对审判工作具有指导意义的新类型案件；（5）其他需要提交审判委员会讨论的疑难、复杂、重大案件。合议庭没有提请审判委员会讨论的案件，院长、主管副院长或者庭长认为有必要的，得提请审判委员会讨论。《最高人民法院审判委员会工作规则》[②] 同时明确了审判委员会对案件的决定合议庭必须执行。

（二）审判权行使的规制方式

审判权行使的规制，是指对审判权行使的规范和制约。我国法院审判权行使的规制，包括外部的程序性规制和内部的管理性规制两大方面。外部的程序性规制，狭义上是指诉讼法规定的程序制约，主要包括独立审判、合议、回避、公开审判、两审终审、言辞审理、辩论等基本审判制度，以及对审判组织、审理程序的系统规定。审判权必须在诉讼法的框架内运行、接受法定程序的制约，这是现代司法的基本原则，也是司法审判正当性的基本前提，世界各国的具体制度或有不同，但理念

① 参见《最高人民法院关于改革和完善人民法院审判委员会制度的实施意见》第11条。

② 《最高人民法院审判委员会工作规则》第10条规定：“审判委员会的决定，合议庭或法院其他有关单位应当执行，不得擅自改变，如有异议，须报经院长或副院长决定是否提交审判委员会重新讨论决定。”

是共通的。这方面的内容不属于本课题讨论范围，故不作展开。内部的管理性规制，是指根据《人民法院组织法》关于法院组织结构和职权的规定，结合诉讼法的程序要求，通过管理制度、管理措施等方式对审判组织的审判行为进行规范、监督和制约。

从全国各地法院的普遍情况看，对审判权行使的内部管理性规制，可以归纳为以下几个方面：

一是统一领导的分层式管理架构。关于审判工作的总体部署和重大问题的决策，由法院党组、审判委员会负责；根据《人民法院组织法》设立刑事、民事、行政等若干审判庭，作为组织管理日常审判工作的基本单位，设立庭长、副庭长负责本部门审判工作管理，包括合议庭组成、案件分配、具体案件的业务指导督促、审批案件审理中的程序事项等，同时负责本部门的行政管理、党务工作和各类人员工作考评。在庭以下，采取设立相对固定的审判小组、合议庭等方式，开展日常审判工作。整体上，法院内部的审判活动，就是在这种一级管一级、一级对一级负责的管理框架下进行的。

二是直接介入式的个案监管方式。对于具体案件的审判，实行逐级审核把关的监督模式。法官、审判组织对案件的处理结论，一般要根据是否属于重大、疑难等情况，逐级向庭长、副院长等上级汇报并听取意见或决定。对于法官正在审理的案件，院、庭长可以主动过问，要求汇报案件情况。根据《最高人民法院关于人民法院合议庭工作的若干规定》第 16 条①、第 17 条②规定，院长、庭长可以对合议庭的评议意见和制作的裁判文书进行审核，对合议庭评议结论有异议时，可以建议合议庭复议。实践中，各地法院根据自身实际，一般会通过内部规定方式，明确规定院、庭长把关案件的权限，比如标的在一定金额以上的案

---

① 《最高人民法院关于人民法院合议庭工作的若干规定》第 16 条规定："院长、庭长可以对合议庭的评议意见和制作的裁判文书进行审核，但是不得改变合议庭的评议结论。"

② 《最高人民法院关于人民法院合议庭工作的若干规定》第 17 条规定："院长、庭长在审核合议庭的评议意见和裁判文书过程中，对评议结论有异议的，可以建议合议庭复议，同时应当对要求复议的问题及理由提出书面意见。合议庭复议后，庭长仍有异议的，可以将案件提请院长审核，院长可以提交审判委员会讨论决定。"

件、二审改判或者发回重审的案件、涉诉信访的案件、社会关注的敏感案件等等。院、庭长对案件的把关方式比较灵活，可以提出建议、要求合议庭复议甚至更换承办法官或合议庭成员，一些地方法院还存在审批裁判文书方式，只有院、庭长审批签发后裁判文书才能付印盖章。

三是全方位控制的审判管理模式。各地法院普遍建立了大立案制度，实行立案与审判分离；建立审判流程管理机制，选取关键流程节点进行监控，推行审限预警、催办等管理制度，规范案件审理过程和审判行为；建立审判调度机制，以最高人民法院“案件质量评估指标体系”为基础，对审判质效定期评估监控、开展态势分析，采取案件、人员调配等措施；建立审判质量管理机制，对庭审、裁判文书等定期检查评估；建立审判业务指导监督机制，通过对改判、发回重审案件定期分析通报，召开庭务会、审判长联席会等方式，解决案件审理中的重大问题，统一法律适用和裁判尺度等。通过建立这些管理制度，从不同角度，对审判行为和审判活动进行规范和控制。

（三）审判权行使的评价机制

目前，法院内部对审判权行使进行评价的法律依据，主要来源于《法官法》关于考核和激励两章的规定。根据《法官法》第 23 条、第 24 条规定，对法官考核的内容主要包括审判工作实绩、思想品德、审判业务和法学理论水平、工作态度和审判作风，重点考核审判工作实绩；年度考核结果分为优秀、称职、不称职三个等次，考核结果作为对法官奖惩、培训、辞退以及调整等级和工资的依据。同时，法官考核还要受到《公务员法》的约束，表现为采取与党政机关公务员一样的考核方式，并纳入统一的公务员考核管理体系。

由于《法官法》对法官考评的规定过于原则、缺乏可操作性，实践中对审判工作的考核评价，主要由各地法院自行制定考评机制。近些年来，在“案多人少”压力持续加大、社会对公正司法要求越来越高的背景下，为了提高整体审判质效，法院系统高度重视考核机制作用，普遍对下级法院实行审判绩效考核并排名的目标管理方式。与此相对应，各地法院特别是中、基层法院，根据上级法院的审判绩效考核指标，结合自身实际建立了内部的审判绩效考核指标。各地法院的具体考核指标有所不同，但基本以最高人民法院“案件质量评估指标体系”为基础，进行细化或增减，比如结案率、调撤率、一审服判息诉率、二审改判发回重审率、再审改判率、结案均衡度、信访投诉率、实际执结率等等，有的法院的审判绩效考核指标多达近百项。为了确保完成办案任务、促进审判质效提升，各地法院普遍采取了下达任务的考核管理方式，将指标层层分解下达给审判庭、合议庭、法官，提出明确的指标要求，比如结案率不得低于90%、调撤率不得低于60%、信访投诉率不得高于1%等等；定期通报考核数据和排名，考核结果与审判庭、法官的评先评优、提职晋级一般实行某种程度的挂钩，以此来发挥考核的激励、导向和约束作用。

（四）审判权行使的责任机制

在现行审判权力运行机制中，审判责任主要有刑事责任、纪律责任和绩效责任三种。

审判权行使的刑事责任，主要根据《刑法》关于职务犯罪的相关规定来界定，适用《刑事诉讼法》来追究问责。

审判权行使的纪律责任，主要法律依据是《法官法》关于法官惩戒一章的规定。考虑《法官法》的规定比较原则，最高人民法院在1998年出台了《人民法院审判人员违法审判责任追究办法（试行）》，在2009年出台了《人民法院工作人员处分条例》，在2010年修订出台了《法官职业道德基本准则》和《法官行为规范》，进一步明确了纪律责任的政策依据。实践中，这种纪律责任主要是违法审判责任，问责和追究主要由法院内设的纪检监察部门负责调查和提出处理意见，纪律处分决定由院党组最终讨论后作出。从责任种类看，基本沿袭党纪、政纪处分的种类，并无针对审判活动和法官职业特点设立独立的惩处措施。处分程序等问责机制方面，也基本延续党纪、政纪处分的工作模式和程序，没有设立相应的法官惩戒机构和惩戒程序。同时，法院内部对审判纪律责任的追究，主要针对行为的违纪性及危害后果，对于危害程度较轻的违反法官职业道德和行为规范的情形，缺乏具体、可操作的惩处措施和问责机制，总体上比较虚化，处于正面宣示状态。

审判绩效责任，是指尚未达到违法违纪的程度，但存在办案差错、质量瑕疵、违反管理规定、未完成审判任务、办案绩效不佳等情形所应当承担的责任。这种责任，本质上是基于管理产生的工作责任，是审判工作评价的制度化后果。虽然实践中认识不一致，各地法院的称呼也有所不同，但是在实践中普遍存在。而之所以概括为绩效责任，是因为各地法院普遍将其纳入审判绩效考核之中，并在一定程度上把考核结果运用于内部的评先评优、职务提拔、职级晋升、待遇提升甚至岗位安排等领域，对审判庭及其负责人、审判组织、法官的利益形成了实实在在的后果及影响。审判绩效责任的问责，一般由政工部门、审判管理部门等管理职能部门负责，由院党组或考核委员会等最终决定，实行自上而下的考核问责模式。具体考核标准，一般由院党组讨论后在年初发布，但根据工作实际每年有所调整，具有鲜明的“下任务”色彩，从长期看缺乏稳定性和规范性。

当然，从更广泛的视野观察，上述四个方面只是审判权力运行机制本身直接包含的内容，其运行状况如何，还要受到相关配套制度因素的影响和制约。在这些配套制度中，与审判权力运行联系最紧密、影响最直接的，主要是法官管理制度，而现行法官管理制度的突出特点，是忽视法官职业特点，比照行政机关的一般公务员，实行高度层级化的法官职级制度，这也在一定程度上加剧了审判权力运行中的“行政化”问题。

二、问题透视——现行审判权力运行机制“行政化”问题分析

上文所述的审判权力运行机制的“行政化”问题，是改革要解决的主要问题，这是当前一个普遍性的改革共识。但“行政化”到底是一个什么样的问题，需要深入分析研究、准确加以把握。

（一）分析“行政化”的共识性前提

审判权力运行机制是指对审判权力配置、运行及其相互关系的制度性安排，我们认识其“行政化”问题，必须站在法院内部审判职权活

动的高度来，首先清醒地认识某些基础性的客观前提，在这些前提下进行分析讨论。这些前提主要有三个：

第一，审判权力运行是高度组织化的职权活动。我国《宪法》规定“人民法院依照法律规定独立行使审判权”。这一规定有两层含义：其一，审判权只能由人民法院行使；其二，人民法院依法独立行使审判权。对此，司法实务、法学理论界的普遍观点理解为，我们国家是法院独立审判。《人民法院组织法》《法官法》等相关法律规定与此一脉相承，都没有明确法官独立行使审判权。但是法院作为拟制人格的抽象机构，自己不能行使这种权力，而必须通过法院内部的组织和人来完成。这决定了法院内部的审判权运行具有高度组织化特征，也就是说，审判组织、法官认定事实、裁判案件的职权活动，不是孤立的个体行为，而是一种组织行为，是法院整体职权活动的组成部分。换言之，审判组织、法官手中的裁判权，是法院这个组织依法授予的权力，它依托于一定的组织体系，必须与组织的目标保持一致。因此，我们对审判权力运行机制“行政化”问题的分析研究，必须放在法院整体独立审判这个大的体制性框架下来进行。

第二，审判权力运行是各种具体职权活动的有机集合。在法院整体行使审判权的体制框架下，内部的审判权力运行包含着复杂的职权内容。从审判职责分工角度看，审判权运行表现为不同部门、岗位、人员之间的职责分工配合。比如在诉讼程序演进上，体现为立案、庭前准备、庭审、合议、宣判、执行等一系列衔接、制约、递进的职责行为。因此，审判活动的含义，绝不仅仅是认定事实、适用法律裁判案件，还包括立案、分案排期、送达等各种不同类型、性质的工作。从权力运行的角度来看，审判权力运行表现为一元化的抽象的法院审判权，不断向内部的各类组织、人员分配并转化为不同具体职权的过程。比如从程序演进上，分解、转化为审查立案权、诉讼费减免决定权、案件分配权、诉讼保全决定权、开庭审理权、案件评议权等等。比如在横向业务分布上，分解为刑事、民事、行政等具体的审判权；在职权类型上，分解为审判资源调配、审判活动调度、审判组织管理、审判活动的规范制约等诸多管理性具体职权。审判权力运行，就是这些不同类型、不同性质的具体职权互相联系、依存、制约、影响形成的有机系统。

第三，审判权力运行必然存在管理监督。管理是为了实现组织目标内生的一种本能活动，所有人类社会的组织，无论是企业、学校还是国家机构，都必然存在着管理，管理属于自然法则范畴，是一种客观的存在。人民法院要实现依法独立公正行使审判权的组织目标，必须对内部实践中纷繁复杂的职权活动进行计划、组织、指挥、协调和控制，通过有效的管理才能使自身实现有序运转、发挥出应有的功能。从这一意义上讲，审判管理与审判相伴相生。同时，任何公权力都必须接受监督制约，因为权力具有自我扩展的本性和滥用的危险，这是现代民主政治的基本理念。作为一种国家权力，审判权力也不例外，审判独立不等于可以不受任何限制地“孤立”存在，同样必须接受制度的监督制约，只是国情的不同导致在具体制度安排上存在差异。在法院行使审判权的体制框架下，法院内部的审判活动本身就是高度组织化的活动，必须服从组织的整体目标，接受组织的监督制约，在制度的笼子里运行。

上述三个问题，是我们分析审判权运行机制的前提条件，不就此达成共识，就无法开展讨论。

（二）“行政化”问题的主要表现和弊端

法院的基本职能是审判案件，这也是审判权力运行的直接目的，其“行政化”的诸多因素，最终都要体现到裁判的形成过程中来，由此复杂问题可以简单归纳，“行政化”问题的制度表现可以归结为“定案机制”问题。

关于法院内部现行的定案机制，虽然各地法院实践做法有所不同，但目前普遍认为可以归结为一种“多层级、多主体、复合型的行政化”的定案机制。所谓“多层级”，是指法院内部从审判委员会、院长、副院长、庭长、副庭长、审判长（组长）到法官，在裁判定案的权力上体现为明显的层级化配置，审判权力按层级从高向低逐级递减分配。所谓“多主体”，是指在裁判形成过程中，从承办法官、合议庭到院、庭长至审委会，包括本部门、相关业务部门的法官，多种主体都可以参与进来，通过不同主体对案件结果产生不同程度的影响。所谓“复合型”，是指具体案件裁判往往需要法院内部多个层级、多个主体之间的沟通讨论，经过裁判、管理、监督不同职权之间的博弈，整合各方面意见，才能形成最终结论。这种复合式的沟通讨论，可能是上下层级之间的交互讨论，如从承办法官到副庭长、庭长、副院长的汇报、复议再汇报；也可能同时进行横向的讨论，如审判长联席会、庭务会的讨论，某些案情复杂、矛盾激烈的案件，还要吸收立案信访、审判管理、法律研究等部门的意见。极个别案件，还存在下级法院向上级法院请示，上级法院法官亦参与提供定案意见的情况。所谓“行政化”，是指参与定案的复合博弈中，在各层级、主体之间具有比较明显的行政科层化特征和领导、服从色彩，虽然层级、主体之间相互影响，但本质上由上级决定。

上述这种“多层级、多主体、复合型的行政化”定案机制，实际上就是司法裁判的行政化决策模式，其危害性主要可以概括为以下方面：一是损害程序公正。院、庭长和审委会等主要通过听取汇报的方式决定案件，在不审理案件的情况下，实际掌握案件裁判权，这个决策过程“架空了整个法庭审理过程，使得几乎所有旨在规范法庭审判的诉讼原则和制度，包括回避制度、法庭质证制度、辩护制度、直接言辞原则、评议制度等，全部形同虚设，而无法发挥规范法庭审理程序的作用”①，有违正当程序的现代司法理念，损害程序公正和司法公信力。二是损害审判独立。在这种定案机制下，案件的最终裁判权掌握在各级审判管理监督主体手中，合议庭、独任庭对案件的裁判权被不同程度剥夺，其经审理对案件形成的独立判断不具有决定性，作为法定审判主体的独立地位虚化，成为听令于上级管理者的依附性主体。三是权责不明。多层级把关、多主体参与定案，每一个层级主体的参与，都意味着审判责任的进一步分散，而由于这种参与缺乏程序刚性约束，存在很大

① 陈瑞华：《司法裁判的行政决策模式》，载李林主编：《依法治国与深化司法体制改革》，社会科学文献出版社 2008 年版，第 88 页。

随意性，同时权力边界和责任内容都不清晰，因此看似层层把关负责，实际都难以具体、确实地负责，最终一旦案件出现问题，审判责任难免虚化。四是影响审判效能。多层级、多主体参与定案，管理层级多、链条长，不少案件从承办法官、审判长、副庭长、庭长、副院长到审委会，要经过五六个层级的讨论把关，这不但明显降低了具体案件的裁判效率，而且增加了审判管理的复杂性，无法及时应对审判工作的变化，减损了审判工作的整体效能。五是制约审判能力提升。在诸多上级主体参与决定案件的制度环境下，法官对案件的独立判断得不到应有的尊重，也不需承担相应的责任，法官缺乏不断提升审判技能的内在动力和压力，很容易产生依赖心理，审判案件遇到难题习惯性地将矛盾上交，严重制约了法官队伍整体司法能力和水平的提升。

上述弊端，通过“深中法（2007）民二重字第X号”美X电厂诉南X公司仓储保管合同纠纷案件，可以具体展现。

本案为广东省高级人民法院再审后发回重审的案件，案件的主要争议焦点为：美X电厂与南X公司是否形成事实仓储关系；南X公司是否已履行交付成品油义务。深圳市中级人民法院于2007年5月立案，合议庭审理后评议存在意见分歧，多数意见认为双方存在事实仓储关系、南X公司没有履行交付义务。由于案情复杂、争议激烈，此案先后多次向上汇报，由分管副庭长、庭长和分管副院长参与研究，两次提请深圳市中级人民法院审判委员会讨论，其间向广东省高级人民法院就法律适用问题进行请示，最终深圳中院审判委员会同意合议庭多数意见，至2012年3月底案件宣判。

本案的定案过程，是现行审判权力运行机制下比较典型的“多层级、多主体、复合型的行政化”定案过程。在这个过程中，副庭长、庭长、副院长、审委会等各层级主体都参与进来，有些环节历经几次反复，由于属发回重审案件，与原承办合议庭也进行了沟通。这其中，每个环节都要消耗一定时间，例如由于需要审委会讨论的案件数量比较多，本案两次提请审委会都至少要等候一个月以上的排期，因此历时四年多才结案。从案件的最终裁判结果看，仍然是合议庭的多数意见，而在当时的审判管理监督机制下，此类案件必须向上汇报，虽然最终证明合议庭的独立判断是正确的，但并没有权力和勇气据此独立作出裁判。

（三）“行政化”问题得以凸显和亟待改革的原因

上述这种“行政化”的审判权力运行机制，在我国法院是长期存在的，但为什么它过去不是“问题”而现在是“问题”？应当说，这是一个由实践到理论、由现象到制度的认识演进过程。

首先，现实困境倒逼认识深化。改革开放以来，随着经济、社会发展和法治进步，人民法院工作不断发展，司法公正、效率水平不断提高，2014 年全国法院审、执结案件 1380 万件，一审后当事人服判的案件占 90.15%，一、二审裁判生效后当事人服判的案件占 98.61%。申诉和申请再审案件总量虽有 12.63 万件，但仅占生效案件的 1.39%，且再审后被改判的占比更低。① 但在外部社会评价上，司法公信仍然不高，面临着“塔西佗陷阱”。② 即使案件裁判公正无私，但当事人一旦不能达到诉讼目的，就指责裁判不公、效率低下、司法腐败，涉诉信访居高不下，缠诉闹访乃至过激事件屡屡发生；同时，持续被媒体曝光的杜培武案、佘祥林案、赵作海案、呼格吉勒图案、念斌案等一系列冤、错案件，引起了公众对审判工作乃至司法制度的质疑和不满。在法院内部，审判工作也面临一些复杂棘手的难题，主要体现为“案多人少”压力持续增加，原有的领导把关式的审判管理模式不堪重负，它既无法满足审判质效提升的需要，也无法解决司法腐败频发带来的监督不力和预防失效的问题。2013 年，有调查报告对 200 个法官腐败案例作出分析，其中各级法院原院长、副院长分别有 41 人和 43 人，总计 84 人占总数的 42%，此外还有业务庭长和副庭长 60 人、执行局长或副局长 12 人，总计 72 人占总数的 36%。③ 虽然这一报告是抽样调查，但仍反映

① 《最高人民法院工作报告（2015）》，法律出版社 2015 年版，第 1 页、第 32 页。

② “塔西佗陷阱”即 Tacitus Trap，得名于古罗马时代的历史学家塔西佗。通俗地讲就是指当政府失去公信力时，无论说真话还是假话，做好事还是坏事，都会被认为是说假话、做坏事。这个卓越的见解后来成为西方政治学里的定律之一“塔西佗陷阱”。

③ 郑小楼：《法官腐败报告》，载《财经》2013 年第 15 期。

了问题的严重性。如果一些现实问题长期得不到解决，人们自然要寻找问题背后的制度性原因，而审判权力运行机制“行政化”问题，因其直接影响司法公正与效率，开始越来越得到各方面的重视。

其次，理论发展助推认识深化。随着法院改革探索的不断推进和经验总结，审判理论研究也不断发展，对法治、司法、司法机关、审判权等一系列基础问题的理论认识在反复中不断深化，逐步达成了新的共识。这些共识中，最主要的就是司法权是判断权、裁量权的理论观点的确立。判断权的权力客观属性，决定了审判权力运行特点与人们普遍知晓的行政权运行具有显著区别，概括起来主要有以下几个：一是独立性，即审判权依法独立行使，裁判者只根据自己的内心确信和法律理解裁判纠纷，不受其他机关、个人的干涉。二是中立性，即审判权在纠纷中必须保持客观中立、不偏不倚、兼听则明，这是法官作为裁判者的天然角色定位。正如丹宁勋爵所言，“一名法官想要得到公正，他最好让诉争双方保持平衡而不要介入争论”，而“假如他超越此限，就等于自卸法官责任，改任律师角色。”① 三是亲历性，也称为“直接言辞原则”，即裁判者必须亲自经历裁判的全过程，在法庭上直接审核证据、听取争议各方辩论，借此形成内心确信和判断。四是程序参与性，即审判权的运行必须严格遵循法定程序，接受法定程序制约、保障程序公正。五是参与性，即审判权是对诉权的回应，必须以控、辩、审三方的基本诉讼构造为基础，保证各方参与，接受诉权制约。六是公开性，即审判权运行的过程、结果和理由，除依法不公开的都应公开。这些基于判断权属性的权力运行特征，是关于审判权运行的客观规律，为我们研究分析审判权力运行机制提供了理论工具，也提供了衡量现实问题的标尺。正是以这些司法规律为坐标，审判权力运行机制的“行政化”才成为一个突出问题。

综合上述两个方面看，审判权力运行机制“行政化”之所以成为

---

① ［英］丹宁勋爵：《法律的正当程序》，李克强、杨百揆、刘庸安译，法律出版社 1999 年版，第 65～66 页。

一个制约司法公正高效的突出问题，是一种基于判断权的属性特征，对制度正当性作出的价值判断。这一认识结论，是按照以下逻辑演进形成的：审判工作要实现“让人民群众在每一个司法案件中感受到公平正义”的价值目标，必须保证法院依法独立行使审判权；科学的审判权力运行机制，是保证依法独立行使审判权的制度保障；“司法权的判断权属性，要求审判权运行必须具备程序性、亲历性和公开性等基本要件”“这是当事人和社会公众评价裁判结果公正性的重要标准，也是认可和接受司法裁判的必要条件”①；现行审判权力运行机制“行政化”不符合司法规律，必须进行改革。

三、根源剖析——审判权运行机制“行政化”问题的内在矛盾和深层症结

“行政化”的审判权力运行机制能够长期存在并发挥作用，必然有其内在机理与深层根基。遵循普遍联系的认识规律，要深刻把握审判权力运行机制“行政化”问题，必须深刻分析和认识其内在矛盾和背后的深层症结。

（一）“行政化”问题的内在矛盾

审判权力运行机制归根结底是一种权力运动，其存在的“行政化”问题，本质上是行政管理权与审判权的职权关系问题。

法院作为国家机构，为维持自身运转必然存在行政管理权，因此法院内部存在行政与审判的二元权力结构。这种结构内部是含混的，两种权力的边界并不清晰，实践中许多具体职权并没有明确的性质界定，存在着许多模糊、交叉、随意的领域。司法裁判的行政化决策模式，是对行政、审判两种权力在运行机制上的整合。由于两种权力之间的张力，这套机制蕴含着两个内在矛盾：一是行政权与审判权的矛盾。行政管理权注重效率和执行力，为减少内耗和争执，确保组织高效运转，必须实

① 贺小荣：《人民法院四五改革纲要的理论基点、逻辑结构和实现路径》，载《人民法院报》2014 年 7 月 16 日，第 5 版。

行权力集中配置、命令服从的决策模式、垂直层级的管理体制，这是行政管理权运行的基本原则。这与审判权应当遵循的独立判断、平等讨论等本质要求，在价值取向、运行要求等方面都存在冲突。二是裁判组织化与判断个体化的矛盾。在法院整体行使审判权的体制下，法院对案件的裁判是高度组织化的职权活动，这就要求审判活动必须在组织的计划、指挥和控制下进行，接受相关主体代表组织进行的管理监督。而司法的判断，归根结底是人的个体判断，是法官内心进行的事实判断、价值判断的思维推演过程，具有很强的主观性、个体差异性，要求法官权力平等和意志自由，这与裁判组织化存在冲突。

在不同的理念、思维模式和制度安排下，上述两个内在矛盾会展现不同的状态，从而影响行政管理权与审判权的结构性关系。现行审判权力运行机制“行政化”，在于选择了行政管理权主导的权力结构模式，审判权整体上处于行政管理权的主导控制之下，如果把行政管理权比作法院这棵大树的树干，审判权就是主干上的分枝。单纯就审判组织审判案件的职权活动来说，其本身并不存在“行政化”问题，当然是按照诉讼程序和合议规则，根据对案件事实、适用法律的理解独立判断。但在“行政化”机制下，审判组织的这种独立判断并不具有决定性。从这个意义上说，审判权力运行机制“行政化”问题，就是对审判活动的管理监督“行政化”问题，本质上是审判权与行政管理权的权力结构不合理问题。

（二）“行政化”问题的体制基础

按照系统论的观点，法院是一个若干子系统有机联系的复杂系统，各个子系统必须保持协调性，才能保证整个系统的有效运行。而按照组织运行的一般原理，体制决定机制，机制必须依托体制运行并受体制制约。基于以上原理分析，我国法院现行审判权力运行机制的“行政化”，从根本上说，是源于法院行政化体制的客观选择。我国法院体制的“行政化”，具有明显的系统性、结构性特征。所谓系统性，也可称为整体性，是指“行政化”体现于法院工作的各个方面，并且各方面紧密联系、相互依存、相互影响。所谓结构性，是指行政化涉及法院的组织、职权、管理等各领域的基础性制度安排。这种系统性、结构性的“行政化”，主要集中体现在以下方面：

一是高度层级化的紧密型组织体系。受理论认识、法治传统、社会现实等因素的制约，“与世界许多国家的法院属于‘松散型组织’相比，我国法院称得上内部结合非常紧密的一种组织形态，而科层制或行政化正是与这样的‘紧密型组织’最契合的结构及性质”。[①] 我国法院比照行政机关设置，其内部组织采取科层制，具有明显的层级结构特征。在基本组织框架上，从党组会、审委会、院长办公会的决策层，到庭、处（科）、室等中间管理层，到合议庭、审判小组等一线工作层，各个层级之间存在上下位阶，权力分配从高向低逐层递减，本质上是一种领导、从属关系。各层级组织具有高度同构性，即下级组织与上级组织具有相同的结构，可以视为上级组织的翻版，总体上形成异体同构的组织模式。由此，实践中衍生出院长、副院长、审委会专委、审委会委员、庭长、副庭长、审判长（组长）、法官等更细化层级，而审判权的运行就依托于这样的组织体系来完成。

二是行政权主导的职权结构。法院作为国家机关的一般属性和审判机关的特有属性，决定了内部客观存在着不同性质、类型的职权。法院现行体制下，法院内部的各种具体职权并没有作清晰的界定区分，权力内容、边界也是模糊的，由于行政化的组织结构和法院行使审判权的责任机制，导致在内部各种职权关系上，行政管理职权居于主导地位，以庭、处（科）等内设行政机构为单元组织日常审判工作，作为基本审判组织的合议庭都是某个审判庭下设的合议庭；院长、副院长、庭长、副庭长以行政职务为本位，对行政事务、审判事务混同管理。

三是纵向监督的高度控权模式。依托层级组织体系和行政主导的职权结构，我国法院非常重视审判权力滥用的可能风险，以防止审判组织、法官出现错误为出发点，普遍采取上级督促、干预、纠正下级的纵

① 王亚新：《解读司法改革》，载《第八届中国审判理论研究会理论研讨会论文集》，第93页。

向强监督模式，注重从各个角度对审判权运行过程实施高度控制，监督权力逐级向上集中，监督权限过大，监督权责不匹配，监督方式行政化，监督手段不规范，上下层级之间、横向之间的职权制约薄弱。

四是集中统一的管理模式。法院内部包括审判工作在内，整体上实行集中领导的管理模式，对管理的制度安排、管理事项决策，更多考虑组织整体效能提高和对下管理需要，较少考虑一线审判活动特点和需要；在管理过程中效率优先、注重执行力，较少考虑管理正当性和决策参与性，管理权逐级向上集中，审判组织自我管理和法官自治管理薄弱。

五是高度科层化的法官管理体制。不考虑法官的职业特点，对法官比照公务员管理，每个法官都有相应的行政级别，处于局级、处级、科级等不同行政性职务等级之中，形成金字塔式的职级结构。法官的工作权限、职业待遇等与其行政级别挂钩，法官等级虚化，只具有象征意义，而且法官等级受到其行政职级制约，存在着法官等级的“天花板”。法官的工作评价与行政职级晋升，主要取决于更高职级人群的认可。

上述分析可以看出，审判权力运行机制对“行政化”的法院体制形成了稳定的路径依赖，如果审判权运行不采取“行政化”的制度模式，就很难保持与法院组织整体运行的协调性，也就很难稳定发挥审判职能作用。正是在这个意义上，审判权力运行机制改革是法院内部一场深刻的结构性变革，如果不打破法院的“行政化”体制，而只从审判权运行机制的某一方面入手进行技术性改良，很难从根本上解决问题。

（三）“行政化”问题的观念土壤

理论认知决定行为选择，任何一种制度的长期存在，都必然有赖以扎根的思想观念土壤，以解决制度的正当性和认同感问题。面对制度模式的多种可能，我国法院体制和审判权力运行机制选择了“行政化”模式，自然有其深厚的思想观念和社会文化。简单地说，主要体现在以下几个方面：

一是实质正义观念。在几千年的中华法系传统中，我国社会对纠纷处理，一直秉持实质正义的观念，也就是说高度重视结果是否公正，而对纠纷处理过程并不重视。这样的观念，隐含着纠纷处理只有一个正确结论的判断，而有错必究，也就成为社会各层面的共识。这种久远传统积淀形成的社会文化心理，在今天社会仍然普遍存在，深刻影响着人们对纠纷解决正当性的价值判断和行为方式。反映到司法审判领域，重实体轻程序、终审不终、信访不信法等长期存在的难题，背后都有这种文化心理的支撑。在这样的价值观念逻辑下，案件的裁判者承受的是近乎"无限"的责任，这样沉重的压力法官个人是难以独立承担的，由组织分担责任和权力，就成为一种理性的制度选择。同时，为了有效避免裁判错误，在审判权力运行机制乃至法院体制的设计上，会不可避免地产生"泛监督主义"思维逻辑，即从有利于监督出发考虑相关制度设计问题，而最直接简便的监督模式，莫过于命令服从式的行政化模式。

二是法律工具的观念。受产生于革命战争年代的"政法"观念影响，长期以来，我们对审判权的判断权属性比较忽视，更加重视其专政性质；在国家权力分工上，法院实质上被定位为服务大局的业务技术部门，"运行和功能都必须服务于革命政党当下的战略目标，而法律专业的知识技能至多只是发挥工具性的作用"①，法律乃至司法更多地被视为实现专政的工具，偏离了在现代社会中司法应有的功能。在这样的价值取向上，为了保证国家体制的协调、更好地服务大局，法院和企业、学校、医院等专业性强的组织，在设置上都重视决策贯彻和执行力，而比照党政机关采取行政化模式，就成为理所当然的选择。

三是集中统一治理的理念。受传统文化和政治理念影响，重视集体智慧和集中统一领导，是我们国家治理、社会治理的基本理念。反映到国家机构设置，就是《宪法》规定"民主集中制"是国家机构的根本组织原则。正是在这样的理念和原则下，我国法律规定是法院独立审判而不是法官独立审判，而法院内部的权力运行模式，必然重视集体决策

---

① 王亚新：《解读司法改革》，载《第八届中国审判理论研究会理论研讨会论文集》，第93页。

和决策的贯彻执行，而审判活动的独立性就只能处于从属地位，实行命令服从式的行政化模式，就是一种理性的制度选择。

尽管随着改革开放的深入和社会转型，上述思想观念正在发生深刻改变，但这种改变远未完成，观念和思维的惯性仍然发挥着作用，也正是这样的思想观念，为审判权力、法院体制的行政化提供了机制基础和理论逻辑，从而决定了改革的复杂性。形象地说，之所以存在审判权力运行机制的“行政化”，是因为我们曾经认为“行政化”是正确、合理的。

第二章　他山之石

——其他国家和地区司法权运行机制的比较和借鉴

司法权的运行有其内在的客观规律，理应得到世界各国和各地区的普遍遵循。但由于国情的不同，世界各国和地区自然产生了不同的制度安排。总体上，对于法治发达国家和地区而言，法官依法独立行使职权，是其司法活动的重要甚至最高原则。在这样的背景下，通过对法官设置严格的遴选、惩戒等准入和退出制度，法官如何具体行使审判权，如何得出一个公正或正确的裁判结果，并不成为关注的焦点，法院内部不需要甚至不允许更多的制度去控制或影响法官的审判行为。因此，审判权的内部运行并不成为其专门关注的问题，甚至不是一个专门的论题。然而不可否认的是，法治发达国家和地区的审判权事实上在有效地运行，并且享有甚高的声誉。虽然我国与其根本制度不同，但从法治和司法科学的共性出发，法治发达国家和地区的司法权运行机制所蕴含的理念规则、制度技术等，值得我们借鉴。在此，分别选取两大法系具有代表性的美国、我国香港特别行政区和德国、我国台湾地区、我国澳门特别行政区作一简要比较分析。

一、英美法系国家和地区法院的审判权运行概况

（一）内部架构的松散化

传统上，一群彼此平等、独立又相互协作的法官构成一种“协作式的共事”关系，是英美法系法院的主要特征。法官彼此之间独立，不存在从属关系。法院内部不设庭室，也没有一个控制各法官资源分配和相

互关系的集中管理机构。虽然首席法官是法院名义上的首脑，也拥有一定行政管理职责，但是对其他法官并没有显著组织意义上的控制能力，不能决定由谁组成合议庭，哪个合议庭负责哪个案件，法官之间如何交流，也无权任命或辞退其他法官，甚至于不能干涉法官聘用其助理。[①]

（二）审判权力配置的有机分离

审判权的本质是裁判权，美国、我国香港特别行政区法院系统在审判权运行上均禀行分离原则。宏观运行环境上，一是将审判事务与司法行政事务总体分离；二是将事实认定权与法律适用权在陪审团与法官间部分分离。[②] 具体到法官负责的微观审判事务上，则将重要案件和次要案件分离、将核心裁判事务与裁判辅助事务分离，从而将审判权特别是核心裁判权配置给核心法官，促使审判权高效顺畅地运行。

第一，重要案件与次要案件的分离[③]。美国联邦法院系统中，法官分为核心法官和辅助法官。核心法官，即指负责审理宪法第 3 条规定的所有由联邦法院管辖案件的法官。而辅助法官包括司务法官和破产法官，司务法官审理轻微的刑事案件及当事人双方同意由其审理的民事案件，破产法官审理各类破产案件。我国香港特别行政区法院中，也有法官与裁判官之分。裁判官在裁判法院中工作，负责审理轻微刑事案件。同时，所有犯罪案件的刑事检控均由裁判官先行审理，并视罪行严重程度移交区域法院或高等法院原讼法庭审理。区域法院及高等法院、终审法院的审判人员则称为法官，其有权根据所属法院管辖范围审理各类民事案件及刑事案件。通过辅助法官（裁判官）职位的设立，将次要和简单的案件交由其办理，而将重要复杂的案件留给核心法官。

---

① 陈杭平：《历史、程序、组织——美国联邦上诉法院制度之分析》，载《环球法律评论》2009 年第 5 期。

② “部分分离”是指在适用陪审团审判的案件中进行分离，而并非所有的案件均适用陪审团审判。

③ 下文具体论述参见：上海市高级人民法院政治部：《法院审判管理与行政管理分工模式研究》，载《法官职业化指导与研究》2004 年第 1 期；陈弘毅、陈文敏、李雪菁、陆文慧合编：《香港法概论》，三联书店（香港）有限公司 2009 年版，第 28 ~ 31 页。

第二，核心裁判事务与裁判辅助事务的分离。[①] 法官仅承担核心裁判事务，裁判辅助事务则由专业性辅助人员承担，在美国联邦法院系统，专业性辅助人员包括：辅助法官（司务法官）、辅助官员（审前事务官及假释官）、辅助职员（法官助理、法庭特别助理）等。案件的审前庭前事务、宣誓口供、保释调查、假释调查、法律援助甚至文书起草等都由专业性辅助人员承担，极大地减轻了法官的工作负担。

（三）裁判意见的个人独立形成[②]

无论在美国还是我国香港特别行政区，均根据案件性质及法院级别不同，分由法官独任或组成合议庭审判。一般而言，级别较低的初审法院，由一名法官单独审理；上诉法院上诉程序由 3 名法官组成合议庭审理；美国最高法院由 9 位大法官共同听审，全席审判；香港特别行政区终审法院则由 5 位法官组成合议庭审理。[③]

对于合议庭而言，合议庭成员之间彼此地位平等。听审案件后，合议庭会召开秘密的审判会议，法官对案件事实和法律依据进行发言，之后进行投票，按照多数决原则形成暂时的判决意见，并决定是否撰写发表的司法意见及分配撰写任务。如果认为无须撰写，法庭就制作简要裁决书，向当事人送达并作为公开档案在法院助理办公室保存。如果需要撰写，则由首席法官分配撰写任务，首席法官缺席时，通常由主审法官分配。指定的法官撰写完毕初稿后（事实上，法官撰写判决意见通常得到助理的实质性辅助，有时就由助理起草），分发给其他法官，经全体法官签署后作为法庭判决公布，并由此在理论上产生先例效力。在此过

---

① 参见上海市高级人民法院政治部：《法院审判管理与行政管理分工模式研究》，载《法官职业化指导与研究》2004 年第 1 期。

② 下文具体论述参见陈杭平：《历史、程序、组织——美国联邦上诉法院制度之分析》，载《环球法律评论》2009 年第 5 期。

③ 香港特别行政区裁判法院负责审理较轻微刑事案件，所由案件由裁判官单独审理，不设陪审团。区域法院行使民事和刑事的司法管辖权，案件亦由一名法官单独审理，不设陪审团。高等法院原讼法庭，审理更为重大的民事、刑事案件，刑事案件由一位法官和一个由 7 至 9 人组成的陪审团一起审理，民事案件除少数例外情况适用陪审团外，也由一名法官独自审理。高等法院上诉法庭，则由首席法官和九位大法官组成，案件根据性质不同可以分由 1 名、2 名、3 名及 3 名以上的奇数法官组成合议庭进行审理，但通常由 3 名大法官组成合议庭。

程中，合议庭成员之间进行质疑、解释和说服，可以更改原先立场，因而有可能导致判决会改变。在此意义上，审判会议中根据投票形成的意见仅有临时效力。判决书中，每个法官都会以个人名义而不是合议庭名义发表意见。对多数意见的推理过程、判决理由或对整个判决主文持不同观点的法官可以撰写并存意见或反对意见，附于法院意见之后。

（四）以法院而非法官为对象的工作评价

我国香港特别行政区和美国并不强调对法官工作的考评，未设立与法官个人挂钩的业绩考核考评等制度，因为结果的公正最终来源于法官内心的良知，而不是其他。根据现有资料，在美国存在的主要是对法院工作的评价。评价的主要内容有：法院工作表现、案件办结量、结案率、规定时间内结案的百分比、积案、开庭日期的确定性、案卷的准确性、货币罚款的有效收取和支付、法院人员实力等。1997 年，美国全国州法院中心与司法辅助局制定了初审法院运作标准及评价体系，规定了初审法院在五个主要领域的工作标准：一是获得司法救济；二是便捷与及时；三是平等、公平和尊严；四是独立负责；五是公众的信任和信心。[①] 然而，评价及法院管理的目标是整个法院的工作效果而不是法官个人。需要指出的是，对法官个人业绩的考评，并非在美国完全不存在。但是，一方面，它的存在并非全盘性，只存在于部分州法院，而不存在于联邦法院；另一方面，它的存在并非基于法院系统内部的设计，并非着眼于对法官审判质量效率的控制，而是源于某些州实施法官选举制度，从而将此类评估作为向选举人公开的候选法官之信息。[②]

二、大陆法系国家和地区法院的审判权运行概况

（一）扁平化的内部架构

与英美法系法院是法官的集合不同，以德国、法国为代表的大陆法

---

① 张国香：《美国法院管理的基本标准——访美国全国州法院中心主任、加州高等法院法官罗杰沃伦》，载《人民法院报》2004 年 2 月 25 日。

② ［美］理查德·波斯纳：《法官如何思考》，苏力译，北京大学出版社 2009 年版，第 139 ~ 140 页。

系法院，在内部架构上设置有审判庭，并任命有庭长。德国普通法院系统中，基层法院通常设有家事法庭及审理刑事案件的参审法庭，州法院和联邦最高法院设立民事审判庭和刑事审判庭。截至2009年7月1日，德国联邦最高法院共设有13个民事审判庭及4个刑事审判庭。[①] 同具大陆法系传统的我国台湾地区，设“最高法院”“高等法院及分院”“地方法院及分院”三级法院。三级法院均内设民事庭、刑事庭，“高等法院”及地方法院还设有若干专业审判庭。[②] 我国澳门特别行政区法院体系则由一审法院、中级法院、终审法院三级构成。一审法院涵盖初级法院和行政法院。初级法院由民事法庭、轻微民事案件法庭、刑事法庭、劳动法庭、家庭未成年人法庭及刑事起诉法庭组成。中级法院内设刑事案件分庭和管辖其他案件的分庭。终审法院由于法官仅为3人，故未设分庭。

需要指出的是，德国和我国台湾地区、我国澳门特别行政区每个审判庭的人数一般远较我国大陆法院少。某种程度上，一个审判庭在功能和运作上实质相当或近似于一个合议庭，即在内部架构的设置上遵循扁平化原则。如德国州法院民事审判庭由包括审判长在内的3名法官组成。联邦最高法院每个民事审判庭，则由5名法官组成，并推举一名法官任审判长。我国台湾地区“最高法院”内设民事庭、刑事庭，每庭庭长1人、法官4人；而按规定，“最高法院”由5名法官组成合议庭进行审判，庭长即为审判长。[③] 澳门特别行政区初审法院民事法庭有8名法官，刑事法庭有11名法官，轻微民事案件法庭及刑事起诉法庭各有2名法官。中级法院刑事案件分庭2013年有4名法官，另一管辖其他案件分庭则有5名法官。[④]

---

① 下文具体论述参见邵建东主编：《德国司法制度》第42页，厦门大学出版社2010年版；欧宏伟：《联邦德国最高法院民事判决书评介》，载《法律适用》2007年第6期。

② 罗立煌、郝丽雅、徐建主编：《台湾司法制度和法律》，广东人民出版社1989年版，第7～23页。

③ 罗立煌、郝丽雅、徐建主编：《台湾司法制度和法律》，广东人民出版社1989年版，第7～23页。

④ 参见《澳门特别行政区法院司法年度年报（2012－2013年）》。

（二）多元化的审判组织[①]

根据案件性质及法院级别不同，由独任法官或合议庭进行审理。一般而言，初审法院审判案件，实行独任制与合议制两种方式，如德国基层法院、我国台湾地区地方法院、澳门特别行政区第一审法院。级别较高的上级法院则完全实行合议制。但澳门特别行政区中级法院与终审法院在审判案件时，以评议会及听证会的方式运作。

此外，德国、我国台湾地区的“最高法院”还设置有类似于我国大陆法院审判委员会的审判组织，就不同审判庭对相关法律问题所持的不同观点予以协调，并对具有基础性意义的法律问题作出决定。德国联邦最高法院设有民事大审判庭、刑事大审判庭。在两个大审判庭中，院长处于主导性地位，但投票时每个成员均具有平等投票权，简单多数所持意见即为大审判庭的最终决定。此外，民事大审判庭、刑事大审判庭又共同组成联合大审判庭。大审判庭仅对提请决定的具有分歧的法律问题进行答复，而且其决定仅对提请决定的审判庭具有约束力。与德国相仿，我国台湾地区“最高法院”亦设民事庭会议、刑事庭会议及民刑事庭总会议。当“最高法院”法官在审判案件中，对某一法律问题有两种以上理解而难以抉择时，为统一法律理解，便可依法律问题性质提交相应会议讨论。会议由院长召集，由庭长及三分之二以上法官出席，以出席者过半数以上意见实行。[②] 由这些组织的职能定位及制度设计看，与其说是审判组织，不如说在本质上是一种业务协调机制，是针对内部法律适用冲突而设置的决策模式，其目的是为了维护法院裁判整体上的稳定性、权威性和公信力。

德国的民事、刑事大审判庭和我国台湾地区的民、刑事庭会议的另一个重要任务是司法判例的选编及变更。德国联邦最高法院出版半官方性质的司法案例汇编，刊登在此上的判例具有先例的地位，不仅德国下

---

① 下文具体论述参见邵建东主编：《德国司法制度》，厦门大学出版社 2010 年版，第 42 页；欧宏伟：《联邦德国最高法院民事判决书评介》，载《法律适用》2007 年第 6 期。

② 参见我国台湾地区“最高法院处务规程”。

级法院要遵守，最高法院也会在判决书中反复引用，以保证“相似案件相似处理，不同案件不同处理”的司法平等原则。而最高法院合议庭要变更先前同类判例，就需提交大审判庭来讨论。我国台湾地区“最高法院”从本院判决中选择判例、提炼要旨并经民刑事庭总会议讨论选定后，报“司法院”备查并公布出版汇编。[①] 而判例在执行过程中需要变更时亦需经相同程序讨论。

（三）审判权力的有限分离

相对英美法系而言，大陆法系法院实行参审制而非陪审制，审判权在法官与参审员之间未予分立，也不太强调审判权在不同类型法官间的区分。但是从德国和我国台湾地区、我国澳门特别行政区现有制度来看，仍一定程度上实行了审判权的有限分离。

一是审判事务与辅助事务间的分离。我国台湾地区、澳门特别行政区在法官员额少而精的同时，均配置大量审判辅助人员。台湾地区法官与法官助理、书记官、司法事务官的比例约为1∶1∶1.5∶0.4。[②] 澳门特别行政区三级法院2013年共有司法辅助人员241名，负责参与庭审工作、诉讼外勤、撰写庭审笔录、文书处理、卷宗编排等辅助事务，与法官比例达至5∶1。[③]

二是一定程度上核心裁判事务与程序裁判事务的分离。比较突出的是承担了大量一审案件的我国台湾地区地方法院，将核心裁判事务与程序裁判事务区分开来，分别由法官和司法事务官处理。司法事务官主要负责程序裁判事务，如返还担保金、调解程序、督促程序、保全程序、公示催告程序裁定、确定诉讼费用额，同时也负责处理非诉事件，还可以根据法官的命令，整理起诉答辩要旨、分析卷宗资料、整理法律疑义并制作报告书。[④]

---

① 参见我国台湾地区“法院组织法”第57条、“判例选编及变更实施要点”。

② 罗立煌、郝丽雅、徐建主编：《台湾司法制度和法律》，广东人民出版社1989年版，第7~23页。

③ 参见《澳门特别行政区法院司法年度年报（2012－2013年）》。

④ 参见我国台湾地区“法院组织法”第17条。

（四）裁判意见的集体形成①

如前所述，英美法系虽然也实行合议制，但判决中体现的仍是法官个人的裁判意见。而大陆法系，更强调合议庭作为审判组织的整体性。在德国和我国台湾地区、澳门特别行政区，合议庭均以集体的名义审理案件，并按法定规则进行商议、表决，裁判结论也表述为合议庭的意见，体现合议庭的意志。

具体到裁判文书结论表述上，德国表述为“合议庭的集体一致意见（unanimous decisions of the entire court）”。当然，此种表述并非意味着合议庭不允许有不同意见，事实上合议庭不同意见可以被记录在案，而是仅仅意味着当判决书被制作出来面向社会时，合议庭的法官对外不能有任何公开的与判决书相左的评判意见。需要说明的是，就此德国法院系统唯一的例外是宪法法院允许法官在判决书上附带不同意见。我国台湾地区法院的裁判结论表述为“本院判决如下”，个人不同意见不载入裁判文书，但裁判确定送达后，案件当事人及诉讼代理人可以申请阅览法官评议意见，而不得抄录、摄影、复印。我国澳门特别行政区法院的裁判结论表述为“本合议庭决定（通过）”。如属一致意见，会注明“本合议庭一致通过”；如有多数意见和少数意见，则会在合议庭意见后由持少数意见法官制作“落败声明”，详细或简要陈述少数意见。

（五）强势的法官自我管理及明确有限的院、庭长权力清单②

由法官组成的集体组织是法院内部最主要的自我管理机构，负责配置裁判机构、确定业务分配计划、合理分配业务和调配人力资源。在德国，这一组织被称为主席团，由院长、负有管理职责的法官以及一定数量的其他法官组成，并由院长担任主席。凡终身法官及在该法院被授予法官职位的任期法官均享有被选举权。在我国台湾地区，上述权限归属

① 下文具体论述参见欧宏伟：《联邦德国最高法院民事判决书评介》，载《法律适用》2007年第6期；邵建东主编：《德国司法制度》，厦门大学出版社2010年版，第45页；我国台湾地区“法院组织法”第101～106条。

② 参见我国台湾地区“最高法院处务规程”第13～32条、“高等法院及其分院处务规程”第4～23条、“地方法院及其分院处务规程”；澳门特别行政区《司法官通则》第十章。

于全体法官会议，会议于每年年终召开，负责决定下一年度的上述司法管理总体重要事项。我国澳门特别行政区也成立了专门的法官委员会负责法官管理工作。法官委员会的组成包括：终审法院院长（担任主席）、由推荐法官的独立委员会推荐并由行政长官委任的两名社会人士以及由法院司法官选出的两名法官，该两名法官一名为一审法院法官、一名为中级法院或终审法院法官。

对于院、庭长个人权力事项，规定最为明确的是我国台湾地区。各级法院均制定有处务规程，对庭长、院长的权限予以明确规定。总体而言，院长除总领行政事务外，在审判管理方面的权限主要有：（1）审判庭庭数的拟议。（2）主持年终会议及其他重要会议。（3）工作监督指导考核。应随时考察该院（及分院）各类案件办案情形，并注意办案期限；民刑事庭法官每到月末，应将本月份案件收结情形及迟延、视为不迟延案件未结原因列表分送庭长、院长核阅。（4）案件临时调配。（5）有限的程序决定权。一是合议决定权。地方法院审理的案件，除依法应行合议外，法官认为案件重大需要合议审判的，经庭长报院长后施行；院长认为有合议审判必要的，也可以主动征求庭长、法官意见后实行。二是法官自行回避决定权。院长认为法官应自行回避的，可依职权裁定；法官有法定回避事由要求自行回避的，经院长同意可以回避；而当事人申请法官回避的，仍由所属法院合议裁定，只是在不足法定人数无法合议时方由院长裁定，而不能由院长裁定的则由直接上级法院裁定。[①]（6）有限的裁判文书审阅权。一是“最高法院”院长对民、刑事庭裁判文书进行事后审阅。二是“高级法院”及分院院长对庭长、法官裁判书类正本进行研阅。三是地方法院及分院院长依法对候补法官独任审判制作的裁判书原本、初任司法事务官前五年内制作之处分、裁定等文书进行审阅。但这里需要强调的是，审阅并非大陆法院传统意义上的签发。根据规定，候补法官是于宣示后法定交付裁判书原本期间内，或如不经宣示的，则于裁判书原本制作完成时，送经庭长、院长审阅。

① 参见台湾地区“民事诉讼法”第35条、第38条。

初任司法事务官则也是在原本制作完成时送经庭长、院长审阅。按我国台湾地区“刑事诉讼法”“民事诉讼法”有关裁判宣示的相关规定，裁判宣示相当于大陆法律意义上的宣判，宣示后，裁判即产生羁束力，法官将裁判书原本交付书记官，再由书记官制作正本送达当事人及代理人。① 由此可见，即使对于候补法官独任审判所作判决，对于需要经过宣示程序的，也是在其宣示后方报院长、庭长审阅，这种审阅对于裁判结果而言是事后的，无法改变裁判结果。

庭长的审判管理权限主要有：（1）主持抽签或电脑分案事务。（2）保管评议簿。（3）发回变更裁判原因之审查。（4）工作考核监督及奖惩拟定。如民刑事庭法官每到月末，应将本月份案件收结情形及迟延、视为不迟延案件的未结原因列表送庭长核阅。（5）有限的程序提请权。地方法院审理的案件，除依法应行合议外，庭长认为有合议审判必要的，可以主动征求法官意见报告院长后实行。（6）有限的裁判文书审阅权。在地方法院及分院内，候补法官独任审判制作的裁判书原本，应于宣示后法定交付裁判原本期间内，或如不经宣示的，则于制作完成时送院长、庭长审阅。② 其中，民事案件支付命令、公示催告、本票强制执行及拍卖抵押物四种裁定只需送庭长审阅。合议审判及实任、试署法官独任审判制作的裁判书原本则无须送阅。③

澳门特别行政区《司法组织纲要法》也对法院院长的权限作了明确规定。院长除了代表所属法院以外，其在审判管理中的权限较台湾地区更为有限。一审法院院长有权在法官数目变更时，就重新分发案件作出安排（具体卷宗分发工作由一名当值的法官主持）。中级法院、终审法院则由院长负责；中级法院院长、终审法院院长除有上述权限外，还享有主持卷宗分发工作并就相关问题作出决定、确定通常会议及开庭日

① 参见台湾地区“刑事诉讼法”第225～227条，“民事诉讼法”第223～231条。

② 此处的审阅权仍然是事后的，分析同前文所述的院长审阅权。

③ 需要说明，“最高法院”庭长尚享有主持本庭评议、核定本庭法官所拟裁判之权限，但由于“最高法院”每庭为庭长1人、法官4人，实际上即为一个合议庭，因此此权限与其说为庭长权限，毋宁说为审判长权限。

期、召集特别进行的会议及开庭、主持评议会及听证、确定在评议会及听证中投票的落败者的权力。① 但是，院长在主持评议会、听证会时，仅在作为裁判书制作人或助审法官时才有权作出表决。

（六）谨慎克制的法官工作评审评核制度

相比于我国台湾地区近年废除既往的“法官办案成绩考查”制度②，德国、我国澳门特别行政区仍实行法官工作评审评核制度，但这种评审评核从内容到程序上均极为谨慎、克制，是以尊重法官裁判的独立性为前提的。

德国法官的工作表现由其他法官进行定期评审，评审结果是法官晋升的重要依据，但评审目的在于从维护公共利益出发，评估被考评人的工作是否必需、职位是否适合，而不是为了批评他们。法官所在法院分庭的首席法官负责对本庭中年轻法官的工作进行评审，资历较深的法官通常负责对年轻法官主持案件的法律程序的有效性及其书面法庭意见的质量进行评审。所有法官都知道他们会按照效率受到评级，评级衡量因素包括案件处理速度和撤销原判率等客观因素，也包括法官同事评审的主观因素。特别需要指出的是，法官独立是评审法官时不可触碰的宪法底线。评审要区分法官行使审判权的核心工作与事务性、辅助性的外围工作。前者属于法官独立范围，后者属于事务管理范围。例如，可以对判决书表达的逻辑、技术性等与裁判结果无关的问题作出评价，但不得对裁判内容评价；可以通过查看法官裁判文书辨别其未遵循先例是属于违背先例还是未看到先例，以作出法律知识面宽窄程度的评价，但不得作出法官业务素质差、判决经常被上级法院推翻的评价。③

澳门特别行政区法院同样设置了法官评核制度。评核分为查核和评核两阶段。第一审及中级法院法官由法官委员会查核。查核每两年一次，特殊情况下也可主动或应利害关系人的合理请求随时进行。法官委

① 参见澳门特别行政区《司法组织纲要法》第33条、第42条、第51条。
② 陈陟云等：《法院人员分类管理改革研究》，法律出版社2014年版，第168页。
③ 冯文生：《德国法官考评的“学问”》，载《人民法院报》2012年3月16日，第8版。

员会委任一名职级或年资高于被查核对象的法官任查核员，对法官的工作，包括法官的行为、能力、奉献精神、热忱、文化、智慧、严谨以及对其职务声誉所必需的素质进行查核，并制作详细的查核报告，列明获得资料、应采取措施及评核建议和建议理据。法官对查核报告有十天答辩期表明意见、提供资料等，查核员需要对法官的意见及后续采取措施编写补充报告。评核以查核报告书、法官回应及补充报告为根据，并考虑法官负责工作的数量、复杂性、工作条件、技术能力、法律著作、公民品德、个人履历、纪律记录等因素，最终按法官表现给予优、佳、良、可、次的评核。“次”的评核导致法官立即停止工作，并且因为其不胜任工作而启动纪律程序。①

三、其他国家和地区审判权力运行机制的借鉴启示

通过比较分析法治发达国家和地区法院的审判权运行机制，有助于为我们完善审判权运行机制提供启示性的思路和参考借鉴。

（一）法官独立裁判是审判权有效运行的基础

从前述考察情况可以发现，无论是英美法系还是大陆法系，法官都享有极高的地位与权威，被推定为是善的、公正无私的，而并不被假定为是可能偏私懈怠的，因而需要保障而不需要过多的管理和监督。其审判权运行模式的一个显著特征就是强调法官独立裁判。确保法官依法独立行使审判权，始终是其司法制度的核心和基石，并围绕法官独立裁判作了一系列周密的制度设计。这些制度设计不仅体现在法院组织法甚至宪法等基本法中的具文规定，也体现在实践中不对法官审判活动予以过多的束缚，以防止对法官独立裁判的干预。可以说为实现公正司法，其首要路径并不是着眼于如何设计精密制度来控制监督法官行使裁判权以防范其可能的不公正，而是强调对法官独立裁判的保障。反观我国的审判权运行机制，裁判地位保障法官独立不足，名目繁多的管理、监督、制约机制，对法官独立行使审判权形成了侵蚀，也就必然带来审与判不

---

① 参见澳门特别行政区《司法官通则》第五章、《法院法官及司法文员查核规章》。

统一、权与责不一致等违反审判规律的情形。在完善我国法院的审判权运行机制实践中，有必要强化法官行使审判权的独立性。

（二）避免行政化倾向，突出审判组织和法官的主体地位是审判权有效运行的根本

行政权的运行以科层官僚制为基本特征，强调下级对上级的服从及上级对下级的控制。而审判权根本上是一种判断权，不论法官职务高低，一律通过平等、民主的表决得出结论。显然，行政权与审判权在运行模式上、内在要求上有着本质区别。通过对法治发达国家和地区审判权运行机制的考察，可以发现，其审判权运行并不需要也不存在层层审批，审判组织和法官的主体地位十分突出。比如，裁判文书无须院庭长审批签发，即使如台湾地区规定了院、庭长的审阅权，但也主要是事后的，并不能改变裁判意见；不设业务庭，即使设立业务庭但其规模、职能、运行模式也类似于合议庭，以内部架构的扁平化从源头上避免了可能的层级色彩；大审判庭等类似组织并不讨论决定个案，体现出对法官和审判组织的充分信任和尊重。与此形成鲜明对比的是，我国法院不仅内设机构叠床架屋，而且法官在行使审判权的过程中，往往需要经过院、庭长层层审批，无论是机构设置，还是权力运行过程，都体现出较强的行政化色彩。在完善我国法院的审判权运行机制实践中，应着力扭转当前的审批制模式，进一步突出法官和合议庭的主体地位，让权力运行更加符合司法的规律性要求。

（三）判例遵循是审判权有效运行的重要内容

判例遵循意味着先例判决对法官今后处理类似案件具有约束力，法官行使裁判权不是恣意任性的，必须受到判例的强力约束。通过案例遵循制度，确保了裁判标准的尽可能一致，这也是类似案件类似处理、不同案件不同处理实质正义的要求。判例遵循虽然只是一个小制度，但却构成了法治发达国家和地区法院审判权运行机制的一个重要内容。遵循先例是普通法的基石，被认为是司法判决获得正当性并实现可预期、稳

定法律秩序的重要途径[①]。虽然大陆法系国家并未在法律上明确遵循先例原则，但从德国和我国台湾地区来看，也极为重视判例的作用，由最高司法机构选择编纂出版，并在司法实践运作中赋予了判例适用性、确立了其法源地位，各级法院均需遵循。反观我国大陆，虽然近年最高人民法院也建立了指导案例制度，以弥补法律规定的不足，但一方面仍然存在大量法律规定不明确、不具体的地方，为法官留下了较为宽广的自由裁量空间；另一方面，指导案例并不等同于判例遵循，由此导致实践中法官行使审判权往往缺乏具体标准，同案不同判现象大量存在。在改革审判权运行机制过程中，有必要明确在先判例对审判权运行的约束作用，为法官办案提供明确指引，统一裁量标准，增强审判权运行结果的一致性。

（四）司法公开是审判权有效运行的有力规制

西方法谚有云，正义不仅应该实现，而且应该以看得见的方式实现。法治发达国家和地区法院的司法公开不仅体现在全流程公开，还体现在法官个人意见的公开，司法公开的深度远非一般国家可比。英美法系中，在裁判文书中公开法官个人意见是其传统，被认为是审判独立原则的当然要求。虽然大陆法系传统观念认为判决书中的判决理由和结论是单一的，不能表述法官个人具体意见，但随着近年司法改革的推行，这一做法已经有了突破和改变，法官个人意见的公开也逐步得到了加强。如前文考察中述及的德国宪法法院公布少数意见，我国澳门特别行政区法院的“落败声明”，我国台湾地区法院中少数意见的查阅。毋庸置疑的是，公开法官个人裁判意见对加强法官行使裁判权的约束有着积极意义，意味着审判权运行更为公开透明，也意味着法官在提出自己意见时需要更加周详、更加合理、更加公正。从权力运行角度而言，阳光是最好的防腐剂。任何缺乏公开透明规则的权力运行，都必将带来权力的滥用。让审判权以公开透明的方式运行，置于社会公众的监督之下，是对审判权最有效的规制，也是审判权运行机制构建完善过程中不可忽

---

① 韩伟：《为何要遵循先例》，载《法制日报》2014年4月16日，第10版。

视的一个重要方面。

（五）明确院、庭长权力边界，突出法官自治是审判权有效运行的重要条件

美国、我国香港特别行政区等英美法系国家和地区，法院更多是法官的集合，而不是法官的管理者。德国、我国台湾地区、我国澳门特别行政区作为大陆法系国家和地区，相对于英美法系较为注重审判事务的管理，但是，一方面，行政化色彩较弱的法官会议或法官委员会作为最重要的管理主体，也仅限于案件分配、合议庭配置等常规事项。另一方面，院长、庭长的审判管理监督职权较弱，并且还以立法的形式明确了权力边界，划定了权力清单，除此之外，并无额外的权力和职责。在以法官独立为基本原则的审判权运行机制下，法院实行法官高度自治的管理模式，更加强调法官的自我管理、自我约束。而在我国法院，围绕法官行使审判权，赋予了院、庭长十分强大的管理监督权限，并且权力边界不清晰，审判与审判管理、审判监督互相交织，法官作为被管理监督的对象，自治功能弱化。从某种意义上说，我国法院是院、庭长治院，行政治院。法治发达国家和地区审判权运行的这一现象启示我们，有必要明确院、庭长的管理监督权限，重视和加强法官自治。

（六）以法官为中心配置审判资源，是审判权有效运行的有力保障

当法官独立裁判成为司法的基本原则，并突出法官和审判组织主体地位的情况下，以法官为中心配置审判资源，为法官行使审判权提供有力保障，便成为法治发达国家和地区法院的当然选择。通过前述考察可以发现，法治发达国家和地区法院不仅实行审判权与行政事务管理权的分离，让审判的归审判，司法行政的归司法行政，使法官专心于审判工作，而且围绕具体的审判事务，以法官为中心，为其配备了充足的辅助人员，二者之比达到1∶3甚至1∶5，由此，审判辅助事务甚至包括大量法律文书的撰写均由辅助人员承担，法官得以专注于裁判的形成，无疑保障了行使审判权的质量及效率。从我国法院情况看，审判事务与行政事务在权力、机构、人员等方面均混为一体，大量法官实际从事的却是

行政管理工作，在整体的资源配置上，并没有突出审判工作这一核心业务。而在具体的审判工作中，审判与审判辅助事务往往混同，法官与审判辅助人员配置比例不科学，从调研情况看，甚至还有相当一部分法院存在法官数量多于辅助人员数量的情况。即便部分改革先行法院，由于受制于种种因素，其配置比例也远远低于其他国家和地区法院。由此，法官工作职责繁杂，必然影响审判权运行的质量和效率。

第三章　探索之路

——“一五改革”以来审判权力运行机制改革探索的总结反思

科学的审判权力运行机制是公正高效司法的重要制度保障。多年来，为顺应改革开放和经济发展，更好满足社会对公正司法的需求，各地法院对审判权力运行机制进行了不断的改革探索。特别是党的十八大以来，在最高人民法院统一部署下，一些地方法院对审判权力运行机制进行了更加深入的改革试点。这些改革大体分为两个阶段，积累的经验做法、理论认识、制度创新和试错教训，对于当前的审判权力运行机制改革具有重大意义，值得深入总结和反思。

一、前三个“五年改革”期间审判权力运行机制改革的简要回顾

1992 年邓小平南方谈话后，以市场化为导向的改革开放全面深化，整个社会经历了一轮新的思想解放，在这样的时代背景下，为了适应经济社会变革，全国法院开展了一场广泛深入的审判方式改革。在这一改革中，对审判工作规律的认识得到深化，我国传统司法体制的问题进一步显露，审判权力运行机制“行政化”问题开始成为法院改革的重点课题，最高人民法院在此后的几个“五年改革纲要”中，都将其列为改革重点，有针对性地进行部署。

（一）“一五改革”期间的相关改革内容

1999 年的世纪之交，最高人民法院颁布了《人民法院五年改革纲要》。在强化庭审功能、发挥合议庭作用等审判方式改革经验基础上，

这一文件以“审判工作的行政管理模式，不适应审判工作特点和规律，严重影响人民法院职能作用的发挥”为认识前提，以“还权于合议庭”为主线部署以下改革：（1）“以强化合议庭和法官职责为重点，建立符合审判工作特点和规律的审判管理机制”的部署；（2）强调“除合议庭提请院长提交审判委员会讨论决定的重大、疑难案件外，其他案件一律由合议庭审理并做出裁判”；（3）审判委员会“逐步做到只讨论合议庭提请院长提交的少数重大、疑难案件的法律适用问题”。[①] 在这一时期，青岛中院等地方法院开展的主审法官负责制、审判长负责制等创新探索，得到日益广泛的重视，同时，大立案制度、审判流程管理制度、错案责任追究制度等改革，开始在各地法院逐步推广。

“一五改革纲要”提出的这些改革，对后续改革具有开路意义，改革思路也是符合司法规律的。在此期间，合议庭独立办案得到大幅强化，但受制法官队伍素质不高、配套管理监督机制缺失等因素，实践中出现了不同程度的审判管理监督虚化现象，个别地方法院院、庭长和审委会对合议庭“失控”，引发了案件质量下降、权力滥用、裁判不公增多等问题。

（二）“二五改革”期间的相关改革内容

根据“一五改革”期间取得的经验和发现的问题，“二五改革纲要”在继续坚持强化合议庭功能的同时，针对审判权运行机制做出如下部署：（1）强调要“建立法官依法独立判案责任制”“逐步实现合议庭、独任法官负责制”；（2）明确提出“建立健全审判管理组织制度，明确审判管理职责，建立并细化与案件管理、审判权行使直接相关事项的管理办法，改善管理方式，建立案件管理、审判管理、司法政务管理、司法人事管理之间的协调机制”；（3）强调要“强化院长、副院长、庭长、副庭长的审判职责”。[②] 在这一时期，分案排期、审限管理、案件质量评查、院庭长参审参议、完善合议庭规则等改革普遍推行，审

---

① 参见《人民法院五年改革纲要》。

② 参见《人民法院第二个五年改革纲要（2004－2008）》。

判管理监督的方式方法、制度内容不断拓展。同时，法官助理制度、书记官单列管理、法官职业化等审判权力运行的配套制度开始试点探索，最高人民法院确定深圳中院为法官职业化建设综合改革试点单位。国家统一的司法考试制度开始全面实行。

“二五改革”期间的这些改革，力图在审判组织独立审判和管理监督之间寻找新的平衡，因而审判管理的特点和必要性得到了高度重视，审判管理制度得到较大发展，管理监督力度得到明显加强。但由于对审判权力的理论认识不深刻，法院内部各种职权关系缺乏合理、清晰界定。而进入21世纪后法院受理案件数量持续大幅上升，矛盾多发期的审判工作日益成为社会关注焦点，法院面临的案件压力和社会压力迅速增大。因此实践中，加强审判管理监督被异化，院、庭长通过各种方式主动介入到个案审理中进行把关，“行政化”倾向有所回潮，领导审批案件又成为一种普遍现象。同时，由于案件增多，院、庭长审批案件开始难以满足实际需要，在案件数量大、法官多的法院出现院、庭长“管不过来”的难题，案件少、法官少的法院出现了院、庭长“全都管、说了算”的问题，审判管理开始陷于“两难”困境。

（三）“三五改革”期间的相关改革内容

针对前两个“五年纲要”改革中的问题，借助审判理论研究的发展，《人民法院第三个五年改革纲要（2009－2013）》对“行政化”问题的认识有所深化，解决思路也有了新的变化，部署的主要改革内容是：提出“优化人民法院职权配置”，强调要“改革和完善审判管理制度。健全权责明确、相互配合、高效运转的审判管理工作机制”。在此期间，发端于江苏、四川等地法院的以审判管理办公室为依托，以审判绩效评价管理为抓手的新型审判管理探索，逐步得到了各地法院的重视和借鉴。特别是成都中院，立足审判管理实践，创新性地提出了“审判管理权”理论观点，具有理论探路意义。以2010年在井冈山召开的全国大法官研讨班为标志，审判管理权的独立性开始在理论上得到认同，专门化的新型审判管理机制在全国法院全面推开，专门审判管理部门的职能定位和工作机制基本确定①，以最高人民法院《案件质量评估指标体系》为依托的审判绩效监控、考核、管理机制成为各地法院普遍做法。

“三五改革”期间的改革，对审判权力运行机制“行政化”问题的认识进一步深化，开始由工作机制、管理机制深入到职权配置层面。同时，审判管理方式手段进一步创新和丰富，开始由控制式监督转向规范性制约。尤其具有意义的是，为了解决行政管理权与审判权二元权力结构的矛盾，根据审判管理特殊性，把“审判管理权”独立出来，为审判权力构建一种新的内在结构，开辟了新的理论思路，也为后续改革打下了基础。但这一时期的改革，也暴露出了管理的命令服从与审判独立之间的冲突等一些固有矛盾，实践中争论较大，一些批评意见认为是以行政方式解决“行政化”的难题，没有形成合理有效的制度解决方案。

综观三个“五年改革纲要”，在审判权力运行机制改革方面，虽然改革具体内容各有侧重，但实质上一脉相承，都是针对审判权力运行“行政化”问题的创新探索。三个纲要都将其作为部署重点，既说明问题没有得到很好的解决，也反映了“行政化”问题的复杂性。但在这个过程中，各种改革思路和解决方案在实践中不断检验，对问题的认识在反复中不断深入，改革经验不断积累，理论基础不断丰富，这是一个螺旋式上升、波浪式前进的发展过程，积累的实践经验和理论成果，为后续“四五改革纲要”的谋划部署奠定了坚实基础。

二、党的十八大以来一些地方法院审判权力运行机制改革试点的进展情况

党的十八大提出了“进一步深化司法体制改革，坚持和完善中国特色社会主义司法制度，确保审判机关、检察机关依法独立公正行使审判权、检察权”的总体部署。2013 年初，司法权力运行机制改革被列入

① 截至 2014 年底，全国各高级人民法院全部设立独立编制的审判管理办公室，绝大部分中级人民法院和基层人民法院设立了独立编制的审判管理办公室。

中央司法改革规划的重点任务。为深入贯彻中央精神，积极稳妥推进司法权力运行机制改革，2013 年 10 月，最高人民法院出台了《关于审判权运行机制改革试点方案》（以下称“试点方案”），并确定了上海第二中院、广东深圳中院、四川成都中院等七个中院及其下辖基层法院，以及辽宁新民市法院、江苏江阴市法院两个基层法院开展试点。全国一些地方中、基层法院也根据“试点方案”精神，自发开展了改革探索。这是一次自上而下组织的先行探索，是顶层设计在基层的实践检验，对当前“四五改革纲要”部署的审判权力运行机制改革，具有重要意义。为了兼顾代表性，课题组从沿海发达地区和中西部地区，分别选取试点的上海二中院、深圳中院以及非试点的辽宁葫芦岛中院，深圳案件数量大的福田区和案件较少的盐田区两个基层法院，作为主要的分析样本，以落实最高人民法院“试点方案”部署的改革任务为基本脉络，对分析样本一年多来的审判权力运行机制改革情况进行梳理、总结。

（一）探索审判组织模式改革

各试点法院普遍推行了以下改革：一是主审法官（前期称为审判长）选任制。按照审判工作主要是案件数量情况，采取竞争性选任方式，从优秀法官中选任一定数量的主审法官。对选任审判长规定了出现办案重大差错、审判绩效考核不合格等免职事由。二是设立固定合议庭。以主审法官为核心，组建成员相对固定的合议庭，院、庭长和审委会委员直接编入合议庭担任主审法官。截至 2014 年底，上海二中院组建 41 个合议庭，其中 15 个合议庭由副院长、专职审委会委员和庭长担任主审法官；成都中院组建 71 个固定合议庭，其中 43 个由副院长、审委会委员、庭长、副庭长担任主审法官；深圳中院组建了 74 个固定合议庭，副庭长均担任审判长，庭长、审委会委员、副院长根据办案需要进入固定合议庭担任审判长。三是以固定合议庭为基础建立新型办案团队。改变原有资源配置方式，从审判组织的审判工作需要出发，优化重组审判资源，为合议庭、独任庭配备一定比例的法官助理、书记员等辅助人员，建立相对稳定、紧密型办案工作团队。如上海二中院，合议庭法官与辅助人员基本按 2∶1 配置；深圳中院合议庭法官与法官助理按

3∶2配置；成都中院原则按1∶2∶3 比例配置，即一个主审法官、2 个合议庭其他法官、3 个法官助理和书记员；深圳福田区法院实行“1＋2＋3＋4”和“1＋N”两种配置模式，即合议制团队为一名主审法官、2名普通法官、3 名法官助理、4 名书记员和其他辅助人员，独任制团队为1 名主审法官、若干名法官助理、书记员等辅助人员。

在上述共性改革之外，试点法院结合实际进行了一些特色探索：如深圳福田区法院，在统一试点前即开始自发探索，其首批审判长选任拿出部分名额，面向社会公开选任。盐田区法院则实行不固定合议庭模式，根据需要临时由主审法官或主审法官与人民陪审员组成合议庭审理案件。辽宁葫芦岛中院针对改革后审判监督需要，创新组建了“指导合议庭”和“评查合议庭”，“指导合议庭”负责审理重大、疑难案件和总结审判经验、对下业务指导，“评查合议庭”专门负责全院案件评查工作。

（二）探索审判组织独立办案制改革

各试点法院普遍推行了以下改革：一是保障审判组织的独立审判权。明确合议庭、独任庭是法定审判主体，依法独立裁判案件，通过界定提请审委会讨论案件标准、缩减提请案件范围等方式，将绝大多数案件交由合议庭、独任庭独立裁判。二是普遍取消了院、庭长审签裁判文书制度，明确不参与案件审理则不签发文书，实行合议庭成员、独任法官直接签署裁判文书制度。三是规范合议庭审判职权。明确合议庭成员平等、共同对案件负责，同时突出主审法官的核心地位，明确其在主持庭审、控制审判流程、组织案件评议、避免程序瑕疵、工作组织调度等方面的职权。上海二中院明确界定为合议庭成员共同负责下的主审法官责任制。成都中院明确了主审法官除承办案件外的9 项审判职权、承办法官的12 项审判职权、合议庭其他法官的7 项审判职权。

在上述共性改革之外，试点法院结合实际进行了一些特色探索：如福田区法院的审判团队制改革，完整、独立的审判权主要集中在主审法官手中，主审法官可以担任审判长或独任审理案件并独立裁判；合议制团队的主审法官对团队审判质量和绩效负全责，更多赋予其对团队审判工作管理、监督的职权，对普通法官独任审理案件，可以通过裁判文书备案审核、转为普通程序担任审判长等方式进行监督。盐田区法院则直接推行完全意义上的主审法官负责制，规定只有主审法官有组成合议庭或独任审理案件的权力，未选为主审法官的其他法官，主要担任助审法官，协助主审法官办案，但不能参与庭审。

（三）探索司法责任制改革

试点法院针对主审法官、合议庭独立办案制的新情况，普遍推行了以下改革：一是完善审判责任落实机制。明确审委会委员、合议庭及其法官、独任法官等各类主体的办案责任。重点规范合议庭审判责任的内容，强调合议庭对审判责任共同承担，并根据合议庭成员的职责权限明确承担责任情形。规范法官助理、书记员等辅助人员对工作差错的责任。二是探索合理的审判责任体系。根据案件质量、审判行为的不同情形，完善差错案件认定标准，分别设立不同责任类型，明确各类责任的适用情形和承担方式，规范法律理解认识不同、出现新证据等审判责任免除条件，探索梯次审判责任体系。三是完善审判责任追究体系。完善问责制度，建立差错案件责任追究、法官惩戒、违法审判责任追究衔接机制。

在上述共性改革外，试点法院结合实际进行了一些特色探索：如上海二中院将审判责任界定为一般差错责任、重大差错责任、违法审判责任。深圳中院将审判责任界定为绩效责任、审判瑕疵责任、违法审判责任，同时结合同步推行的法院人员分类管理和法官职业化改革，建立法官惩戒制度，出台《深圳市中级人民法院办案责任追究办法（试行）》，健全问责制度衔接机制。

（四）探索院、庭长管理监督职权改革

试点法院普遍推行了以下改革：一是规范和限制院、庭长审判管理监督职权。立足主审法官、合议庭独立办案制的确立，进一步明确和缩减院、庭长管理监督具体案件范围和事项，细化和规范其在审判业务指导、程序监督、宏观管理方面的职权事项，力求推动院、庭长审判管理监督职权逐步转型。二是完善院、庭长管理监督全程留痕机制。通过规范院、庭长监督具体案件的方式、内容和载体，强化对管理监督过程的制度化约束，如要求对具体案件的建议、指导必须采取书面形式、内容清晰确定、归入卷宗备查等等，做到个案件监督指导全程留痕。三是创新业务监督指导平台，建立院、庭长组织化行权模式。完善审判长（主审法官）联席会议、专业法官会议等业务指导监督、沟通协调的制度化平台，规范会议内容、程序和院、庭长的召集、主持权，改变过去院、庭长个人指导监督案件模式，推动其审判管理监督职权组织化运行。

鉴于这方面改革的复杂性，试点法院在上述共性改革之外，结合实际进行了比较多的特色探索。成都中院立足原有审判权与审判管理权的“两权分离”改革基础，采取清单方式列明院、庭长监督指导个案的类型范围，明确副院长监督指导的16类案件、庭长监督指导的13类案件；上海二中院既设置“权力清单”，从正面规定院长9项、庭长14项审判管理职权，又设立“负面清单”规定了院、庭长不得越级或超越范围管理的“四项禁令”；尤其是深圳中院，结合近年改革经验，在全国率先提出了审判权、审判管理权、审判监督权的“三权”配置新理论，并着手梳理从审判委员会、院长到庭长、合议庭、主审法官等各层级的权力清单，研究制定综合性审判职权配置规定；盐田法院则进一步规定，院、庭长主要负责协调行政事务和综合性审判管理事务，对个案的监督指导只能通过审判委员会、主审法官联席会议等平台进行；福田法院庭长全部担任主审法官带领团队办案，对非本人所在合议庭的案件不再行使管理监督职权。

（五）探索审判管理模式改革

针对主审法官、合议庭独立办案制带来的管理问题，试点法院普遍推行了以下改革：一是完善审判流程管理机制。针对改革带来的审判活动运行变化，各试点法院普遍修订、细化了流程节点，完善随机分案、案件人员调配、审限管理等流程管理制度，依托信息化管理系统，加强对案件审理流程的动态监控。二是完善审判质量管理机制。以最高人民法院“案件质量评估指标体系”为基础，进一步细化指标设置，完善审判态势分析机制，加强对整体审判运行和质效的管理，建立针对合议庭办案质效的评价引导措施；健全案件质量评查机制，细化评查标准，在确保评查覆盖所有固定合议庭及法官的同时，突出被改判和发回重审、信访投诉等重点案件的评查。三是建立合议庭考核新机制。改变传统考核业务庭、法官的考核模式，以固定合议庭为考核对象，根据合议庭审判职责制定新的考核指标体系；建立完善法官业绩档案制度，客观记载法官业绩数据和事项；探索推行院外第三方评价机制，吸收专家学者、律师、公众代表等各方力量，对法官审判作风、职业道德等进行评价。四是探索审判管理扁平化新格局。针对改革后院、庭长审判管理职能缩减和分流，进一步完善审判管理办公室的职能定位，完善审判态势分析、审判流程监控、审判资源调配、审判绩效管理、业务沟通协调等方面的工作制度，推行对综合性审判事务管理的集中化、专门化。

在上述共性改革之外，试点法院结合实际进行了诸多特色探索。一是在审判流程管理方面：成都中院依托前些年推行网上办案和流程管理基础，梳理固定16个监控节点，推行“节点提示、预警显示、督促催办和冻结”的信息化监控模式。盐田区法院严格实行网上办案，对案件实行立案、庭前准备、审理、结案、归档等办案环节的全程监控。深圳中院结合审判权、审判管理权、审判监督权分离理念，确立把审判监督权纳入流程监控的“全流程”管理思路，并梳理出重点监控节点。二是在审判质量管理方面：深圳中院创新设立了案件评查委员会，在审委会领导下采取评查合议庭独立开展案件评查工作，以确保评查权威性和办案责任落实。上海二中院探索推行合议庭成员互评机制。三是在合议庭考核机制方面：成都中院建立合议庭整体功能评价体系，利用信息手段建立法官业绩记录评价系统，从审判质效、审判组织管理、案件合议质量、审判辅助工作、审判综合工作等多方面开展考评。上海二中院加强对合议庭内部运行的考评监督，将合议庭成员在庭审、评议、调解、文书制作等各环节发挥作用情况纳入考评；同时注重对法官特别是主审法官履职能力的考评，将职业道德、审判技能等考评情况纳入业绩档案，与主审法官、法官的考核、评优和职务任免等相挂钩。四是在建立审判管理扁平化格局方面：深圳中院剥离业务庭调配案件、人员、审批延长审限等管理职权，弱化对庭的考核。福田区法院则完全剥离业务庭的管理职能，庭长除担任审判长联席会召集人外，其他管理职能虚化，对审判工作实施全面的扁平化管理；同时设立党政事务协理员暨廉政专员，作为业务庭原有部分管理职能的承接载体，协助分管副院长统筹管理相关审判团队的党务、廉政监督、队伍建设等事务，推动行政管理与审判管理逐步分离。葫芦岛中院探索行政事务集中管理模式，按司法政务、法官管理、司法事务三大类，分别设院长助理协助进行集中管理。

（六）探索审判委员会制度改革

试点法院普遍推行了以下改革：一是推动审委会职能转变。通过制定审委会讨论重大、疑难案件的具体标准，建立由专职委员或指定委员负责的讨论议题过滤制度，严格控制审委会讨论案件范围和数量，强调审委会主要讨论案件法律适用问题；同时，完善审委会定期听取审判态势分析和案件质量评查报告、讨论下发典型示范案例和裁判指引等工作制度，强化其总结审判经验、统一法律适用、加强业务指导和审判管理监督的职能。二是完善审委会运行机制。建立审委会专业委员会，创新审委会组织形式；完善定期例会、会前准备、发言、表决、决议督办等运行程序，完善审委会办公室等办事机构工作机制，提高审委会运行效能。三是提高审委会工作公开性和规范性，推动审委会向“审理式”运行模式转变。建立具有可操作性的审委会讨论事项提前告知、委员回避制度，保障当事人诉讼权利；完善审委会讨论中的汇报制度，实行查阅卷宗、观看庭审视频资料等方式掌握案情，探索合议庭全体列席审委会制度；建立委员合议庭制度，由审委会委员组成合议庭审理重大、疑难案件，原则上不再提交审委会讨论。

对审委会制度这一改革的关键节点，试点法院在上述共性改革之外，结合实际进行了一些突破性探索。一是在规范控制讨论案件方面：成都中院按照“疑难、典型、影响、主体”四大因素确定审委会讨论的重大、疑难案件标准；上海二中院规定，除法律、司法解释规定应提交讨论的案件外，审委会一般仅讨论合议庭对法律适用意见有较大分歧的重大疑难复杂案件；深圳中院设置了前置程序，规定提请审委会讨论案件必须先经审判长联席会议讨论。二是在完善审委会运行机制方面：成都中院实行部分委员从法官中择优选任，并把审委会运行情况纳入流程管理，在流程系统中建立“审委会讨论案件情况”管理模块，同时设立专门台账定期进行分析。三是在审委会运行模式转变方面：深圳法院结合审判权、审判管理权、审判监督权分离理念，提出将审委会定位为最高审判监督组织，改革审委会讨论案件的决定方式，尝试审委会否决合议庭一致意见、多数意见的，不直接决定裁判结论，但可以要求合议庭复议并提出指导性建议。

（七）探索法院管理体制改革

广东法院进一步大胆创新，以广州知识产权法院、珠海横琴法院、深圳前海法院为样本，在推进审判权力运行机制改革的同时，同步探索法院人员分类管理和法院管理体制改革。主要改革内容：一是全面实行法官员额制和主审法官制度，明确核定的法官员额全部为主审法官，对主审法官实行公开择优选任；二是全面落实主审法官独立办案制，主审法官组成合议庭或独任审判案件，除了依法应当提请审委会讨论的案件外，自行独立裁判并签署文书；三是打破层级化组织结构，取消审判庭设置和庭长职位，以主审法官、合议庭为办案单元和管理单元，建立法院内部扁平化的组织结构；四是建立分权制约的管理监督新模式，设立审务处等专门管理机构，统筹负责审判事务管理，从机构、职权和机制上推行审判管理与行政管理分离；建立法官会议、法官大会等制度，探索法官自治新形式，尝试建立法官对审判管理事务的民主决策和管理参与，强化审判管理中的监督制约。

三、审判权力运行机制改革试点的收获与反思

截止到2014年底，最高人民法院部署的试点单位全部启动了改革，综观试点法院的改革情况，应当说试点是成功的，收获了经验和成效，也发现了问题和不足，值得认真总结思考。

（一）改革试点的主要收获

试点改革的收获主要是来自两个方面。

第一方面收获，在于试点改革对司法公正效率的推动作用初步显现，证明新机制总体上符合司法规律和我国法院实际。

从案件数量和效率方面指标看：2014 年，深圳中院受理案件40 060件，结案 35 015 件，同比分别上升 22. 58%、25. 53%；成都中院受理案件 28 020 件，结案 24 107 件，同比分别上升 24. 8%、16. 5%；福田区法院受理案件 47 271 件，结案 43 415 件，同比分别下降 0. 83%、上升 20. 62%；盐田法院受理案件 4008 件，结案 4066 件，同比分别上升 1. 86%、5. 72%。葫芦岛法院改革后，2014 年一审判决案件发改率比全省均值低 3. 34 个百分点，位于全省第二位，法院年人均结案数从 2013 年全省第八上升至全省第五，一审服判息诉率由全省第八上升至全省第二。

从合议庭自主裁判情况来看，上海市二中院 2014 年 4 月至 11 月审结的 7893 件案件中，由合议庭评议后直接作出裁判的案件有 7711 件，占 97. 69%，提交主审法官联席会议讨论的仅占 2. 31%。福田法院 2014 年全年审委会讨论案件数仅 75 件，较上年下降 31. 2%，绝大多数的案件由主审法官带领合议庭自主裁判。葫芦岛法院改革后进入一线办案的法官占全部法官的比例由 64. 2% 上升至 85. 1%。

客观地看，全面推行审判权运行新机制，意味着整个法院群体多年习惯的工作机制、管理模式、工作方式乃至节奏的改变，加之改革带来的法官队伍思想波动，这些都不可避免会对审判工作产生影响，试点当年法院整体审判质效水平能够保持稳定、没有明显下滑，其实就是成功。改革初期各试点法院审判质效普遍稳中有升，新型审判权运行机制发挥了不可低估的作用。

第二方面的收获，试点方案的一系列改革设想转化为实践中的具体制度，为后续相关改革的制度化落实提供了借鉴。

在试点改革中，试点法院针对试点任务和改革内容，研究制定了一系列具体、可操作的制度、规范、标准等文件。截至 2014 年底，上海二中院研究制定或修订了《合议庭运行工作规定（试行）》《审判长联席会议及专业法官会议工作规定（试行）》《关于院、庭长审判管理工作职责的规定（试行）》《第三方评价工作暂行规定》等改革配套制度；成都中院研究制定或修订了《审判合议庭绩效考评办法》《法官业绩记录评价办法》《审判权运行机制改革试点审判合议庭编配改革实施方案》等配套制度；深圳中院研究制定或修订了《审判长选任办法》《合议庭规则》《审判委员会工作规则》《审判长联席会议制度》《办案责任追究办法》等一系列配套制度。

（二）改革试点的经验与问题反思

从理论认识的角度看，试点改革的实践初步形成了一些具有可复制性、推广性的经验，但也暴露出一些深层次难题。

改革的经验主要体现在以下几个方面：

一是验证了主审法官制的合理性可行性。通过试点改革的实践，对主审法官的含义达成了共识，即主审法官是从法官中择优选任，有权担任审判长或独任审理案件并独立裁判的法官。主审法官所享有的相对完整、独立的审判职权，本质上是在法院整体行使审判权的体制框架下，基于管理产生的组织授权，具有合理性。试点证明，对于审判组织独立审判与法官整体独立审判能力不足的现实矛盾，主审法官制提供了一个可行的解决方案。

二是验证了审判团队制的合理性可行性。通过试点改革实践，在以主审法官为核心的固定合议庭基础上，配备审判辅助人员组成审判团队，是审判资源精细化配置、提高资源使用效益的有效方法，同时也为审判组织独立审判提供了更加合理的组织和资源保障，为科学配置审判资源、完善审判组织结构提供了合理、可行的解决方案。

三是验证了审判管理扁平化的可行性。审判权力运行机制的去“行政化”，需要解决层级化的审判管理模式问题。“在管理学理论上，要实现减少外部不当干预、提高主体工作效率的目标，目前较为推崇的做法是减少管理层次，增强管理幅度。”① 试点实践证明，从法院内部组织结构入手，对业务庭这个关键的中间架构进行改造，建立审判管理的扁平化职权格局，有利于缩短管理链条、淡化层级色彩，尽管这种探索并不完善，但其思路是合理的，实际操作是可行的。

四是验证了审判管理监督分权制约模式的可行性。通过试点实践证明，相比于以强制性、服从性为特点的监督模式，采取个案监督权的组织化行权模式、专门管理机构统筹综合性审判事务等方法，以分权制约方式实现管理监督目的，更加有利于审判组织独立审判，实际操作也是可行的。

当然，试点改革实践中也暴露出一些现行改革思路和设计难以解决的深层次问题，需要在下一步改革中作更深入的理论研究和科学谋划。主要包括：

一是主审法官为核心的合议庭独立办案制权责利平衡机制存在缺陷。在法官员额制等改革尚未推行的情况下，合议庭独立审判肩负的职责与其职业利益不平衡，内在、长效激励机制缺失。首先，职业预期不稳定，员额法官是否就是主审法官？类似问题还没有明确的制度安排。同时，相对于主审法官承担的审判职责和压力，缺乏有力的制度化激励手段，如果给予其更高的行政职级待遇，又走回了行政化的老路。而对于合议庭其他法官，由于主审法官数量有限，他们在一定时期内又没有了职业上升空间，面临动力不足的问题。从这方面分析，没有法院人员分类管理和法官职业化改革的支撑，新型审判权力运行机制单兵突进，将缺乏持续性。

二是审判的组织、管理方面的层级结构难以打破。试点改革推行的主审法官合议庭独立办案，院、庭长不再审批案件，规范控制审委会讨论案件等措施，只是一定程度上淡化了审判权力运行的行政色彩。作为审判权力运行基础，具有领导、从属性的层级化组织、管理结构没有大

---

① 敬海新：《基层政府社会管理扁平化机制建设对策》，载《理论探讨》2013 年第 5 期，第 8 页。

的触动，两者之间的不协调、不匹配问题没有很好解决，长期持续下去，新型审判权力运行机制的实际效果将不断衰减。法院作为审判机关，应该采取什么样的组织结构、管理体制等等，对这种体制性问题的内在机理，目前还缺乏深入系统的理论认识，同时在《法院组织法》没有修订的情况下，进行根本性改革的难度很大。

三是院、庭长审判管理监督职权存在异化的制度空间。试点改革中，对于院、庭长管理监督这一“行政化”的常态职权现象，主要采取明确职权内容、划定职权界限、规范行权方式、实行全程留痕制度等解决办法，产生了实际效果，但也暴露了问题和隐忧。难点在于，这些改革针对的是管理监督的规范性问题，上对下、单向度的纵向控制式监督模式没有改变，这种规范本质上只是一种内部性管理，缺乏法定程序的刚性约束，也就是说，这实际上是一种软性的自我约束，而且管理监督中的权责并不一致。改革中，对于院、庭长的审判管理监督权的内容、边界、方式等，仍存在诸多不同看法。因此，尽管规定了诸如提出指导意见、要求合议庭复议等监督手段，但由于机构还在、官还在、领导被领导关系还在，当院、庭长与独任法官、合议庭意见不一致时，作为管理监督的一方仍处于控制地位，对案件结果仍有实质性决定力，如何行使这种职权，主要取决于院、庭长对制度的理解和个人意志等主观因素。这就导致实践中，或者院、庭长的管理监督职权不断扩展而异化，或者以尊重合议庭独立裁判为理由监督管理不到位，陷入“两难”的制度困境。

四是审委会制度改革困难很大。理论上的难点，在于审委会的组成方式、基本运行模式与其作为审判组织的职能定位存在着内在冲突。为了解决这方面的问题，试点改革采取了“审理制”改造的思路，设计了过滤机制、回避制度、规范讨论案件范围和只讨论法律适用问题、实行委员合议庭等制度方案，力求使其运行更加符合审判组织的要素要求。但从实践情况看，这一思路的实际操作困难重重，效果并不理想。比如，委员合议庭性质上还是合议庭，它不是也不能代表审委会，只能解决委员办案问题，不能解决审委会决定案件的亲历性问题。比如规范讨论案件范围和只讨论法律适用问题，由于案件“重大、复杂”的标准客观上具有模糊性，案件中的法律适用问题往往与事实认定问题交织，实践中很难操作，能不能控制讨论案件数量，不取决于制度而在于领导的决心。从这些实践反映的问题看，有必要对审委会职能定位、改革方向等重大问题，做更深入的分析研究。

五是审判职权结构、职权运行的内在规律把握不够。上述改革试点中暴露出来的审判组织管理层级化，院、庭长审判管理监督职权异化，审委会改革困难等问题，之所以难以解决，一个重要原因，在于我们对法院内部的审判职权类型、性质、关系等缺乏系统、深入的认识。由于缺乏理论支撑，面对复杂的职权关系和具体情况，在解决方案选择时，就难以保证具体改革措施的系统性、协同性，也改不到“根子”上。

第四章 理论之道

——建立审判权、审判管理权、审判监督权“一体两翼”权力结构的破局思路与理论阐释

审判权力运行机制改革是一场深刻的结构性变革，也是一个复杂的系统工程，要确保改革始终沿着正确的方向前进，保持改革措施之间的系统性、协调性，必须合理选择改革思路，形成系统的理论观点和理论方法，确保改革思路的科学性。课题组主张，现阶段的审判权力运行机制改革，应当以构建审判权、审判管理权、审判监督权“一体两翼”的审判权力结构为思路，首先建立相应的理论范式，在此基础上建立完善符合审判权运行规律、权责利一体化的制度体系。

一、权力结构——选择这一改革思路的理由

改革思路的选择，是对改革切入点、改革次序的现实权衡，实质上是对改革的理论基础、理论逻辑和理论方法的确认。选择审判权力结构为改革思路，对当前的审判权力运行机制改革而言，是一种基于现实必要性和理论可行性，在审慎权衡后做出的理性选择，也是最合理、最可行的改革策略。

（一）选择权力结构理论进行论证的现实必要性

这种现实必要性，主要源于以下方面：

首先，是解决“行政化”问题的内在要求。“一五改革纲要”以来，特别是近期的试点改革中，各地法院从审判方式、审判组织、资源配置、审判管理、审判责任等多个方面，对审判权力运行机制进行了探

索，但实践证明，这些都不能有效解决其“行政化”问题。之所以如此，是因为没有真正触动“行政化”的内在症结。从前文分析看，审判权力运行机制的行政化，本质上是法院内部的行政管理权与审判权的“二元权力结构”失衡。在法院现行行政化体制框架下，不破解这个权力结构的症结，就不能打破审判权运行机制对“行政化”的路径依赖，改革措施也就难以充分发挥作用。因此，解决“行政化”问题，客观上必须从权力结构这个症结入手，才能保证改革的针对性和有效性，这是深层次改革应当采取的切入方式。

其次，是保证改革系统性协同性的客观需要。审判权力运行机制是涉及权力、责任、组织、资源、管理等诸多内容的复杂体系，改革要顺利推进、取得成效，改革思路必须注重顶层设计，能够有效整合审判权力运行机制的诸多内容。同时，面对旧机制长期运行中所形成的传统观念、思维定式，改革思路还应当具有凝聚共识的作用，有利于深化对审判权力的规律性认识。否则，面对改革中千头万绪、复杂纠结的具体问题，在正当性研判、利弊分析、改革方案选择等方面，会面临过于激烈的争论，改革将难免出现头痛医头、南辕北辙的错误。从以往改革实践看，以审判组织、审判权责、审判管理等为改革思路，都不能很好满足改革的上述要求。而审判权力结构对不同权力性质、内容、主体、运行特征的理论界定，内在地与审判权力运行机制诸多内容紧密联系，采取的是从实践到理论再指导实践的推进方式，有利于对改革的全局把握和整体推进，保持改革理论逻辑的一致性，从改革实践中提炼出规律性的认识，形成可复制、可推广的经验。

再次，是保证改革持续性的形势使然。本轮司法体制改革内容丰富，各项改革虽然针对问题不同，但相互紧密联系，也有先后次序的安排。因此，推进审判权力运行机制改革，必须注意其阶段性和有限性，不能意图通过这一改革解决法院体制上所有问题；同时，也要注意与其他方面改革的协调、衔接，努力对其他改革起到促进、推动作用。以审判权力结构为思路推进审判权力运行机制改革，必然会对法院组织结构、权力运行逻辑、管理监督模式等形成一定的突破，从而在现有法院体制框架下开辟最大的改革空间，也为后续的法院设置、管理等体制改革，以及法院组织法的修订等，奠定制度基础，积累实践经验。

（二）选择权力结构理论进行论证的可行性

选择改革思路意味着改革的理论定位，因此这种选择必须符合形式理性，要在理论上形成逻辑自洽。权力结构理论的借鉴，给出了这方面的证明。

权力结构理论是西方政治学中一种比较普遍的理论。这一理论认为，“权力结构是指权力的组织体系、权力的配置与各种权力之间的相互关系”①，并提出以下基本观点：第一，这是一种技术的、客观的视角。把权力视为一个可由人主观加以安排的事物，认为决定权力主体行为的主要力量不是主体的道德属性，而是权力结构本身。这就在制度层面把权力的主观善恶问题转化为一个客观的权力结构问题。既然权力的输出与权力结构相关，“那么权力正常作用的发挥、权力滥用的防治等现实难题就转化为一个权力结构合理性问题”。② 第二，这是一种分权制约理论，主张只有将制约权力问题转化为一个权力结构问题，对权力的制约才是可能的，而分权是制约的前提。权力在实际运行中是可以不断分解的，权力只有在合理分解的基础上加以组合，才能形成不同权力之间相互制约的结构性关系。第三，强调权力结构模式的合理性。主张有效制约的权力结构模式，既要在同一层面上对权力进行横向分解配置，也要对权力进行纵向的层级分解配置，确立上下级权力各自独立的权力范围，把上下级权力的单向服从关系变成相互制约关系。

运用权力结构理论这个理论工具来分析，以权力结构为思路推进审判权力运行机制改革，理论上是可行、可操作的。第一，权力具有可分性、可授性。可分性的含义，是指抽象的权力落实于具体现实当中，会不断分解和具体为不同的职权，权力运动是其所包含的具体职权的有机集合。从另一个角度来说，就是权力与职能可以分离的“权能分离”

① 周永坤：《权力结构模式与宪政》，载《中国法学》2005年5期，第5页。
② 周永坤：《权力结构模式与宪政》，载《中国法学》2005年5期，第6页。

理论观点。可授性的含义，是指权力分解后的具体职权，其主体具有可选择性。具体到审判权力运行机制改革，意味着法院整体性的审判权力，在实际运行中可以分解为不同的具体职权，这些具体职权可以根据组织需要，选择性地授予某个主体行使。比如，代表法院裁判案件的是合议庭、独任庭，但具体某个合议庭由谁组成、审理哪些案件等等，是法院这个组织决定的。第二，权力结构决定权力运行。权力结构是对各类具体职权关系的基本安排，权力运行是这种基本关系的动态展现，权力运行机制不能脱离权力结构存在，并且要受到权力结构的制约，这是权力运行的内在逻辑。具体到审判权力运行机制改革，意味着审判权力的内在结构对其运行机制的决定性，只有先解决具体职权定位、相互关系等基础问题，才能解决具体职权运行的方式、规范和管理问题。第三，科学的权力结构关键在于合理的分权制约格局。构建科学权力结构的目的，在于防止权力滥用和失控，这依赖于各职权之间合理制约达成的平衡。具体到审判权力运行机制改革，意味着法院内部各种具体审判职权，可以通过建立平衡制约的职权关系，打破行政化的“二元权力结构”，形成有利于审判权依法独立行使的权力结构。

二、科学分权——“两权”困境的破解思路与理念创新

科学的权力结构要以权力的科学划分为前提。深圳法院率先提出建立审判权、审判管理权、审判监督权的新型审判权力结构，不是凭空产生的，是在长期实践探索基础上，对审判权与审判管理权“两权结构”的经验继承和理论创新。

（一）“两权分离”改革思路的本质及意义

在现行法院体制下，长期以来法院内部存在着行政管理权与审判权的“二元权力结构”。由于对审判活动管理监督的必要性，在这种二元权力结构下，这种管理监督又只能由行政管理权来进行。同时，由于两种权力边界不清，权力运行存在诸多模糊、交叉地带，对实践中存在的许多具体职权，如案件分配、审判工作考核等，包括诉讼法规定的院长审批程序事项、生效裁判启动再审、提请审委会讨论案件等，对其权力

性质、定位缺乏清晰的理论认识，也很难对权力运行加以规范。这是长期以来审判权力运行机制改革探索中，一直难以破解的难点。审判权与审判管理权“两权分离”新观点提出后，提供了新的解决思路。

“两权分离”思路，本质上是立足审判管理监督的必要性和特殊性，对行政管理权与审判监督权之间模糊地带加以梳理，把那些涉及审判活动管理监督的具体职权加以整合并分离出来，将其界定为一种独立存在的权力即“审判管理权”，赋予其新的职权定位、边界和运行要求，力求使审判管理监督更加符合审判活动规律，以淡化审判权力运行的行政色彩。从权力分解角度讲，这是对行政管理权宽泛、含混内容的一种切割。

“两权分离”思路的理论意义，主要体现在三个方面：第一，通过对行政管理权内容的切割，设定审判管理权，割断了行政管理权与审判活动的直接职权关系，打破了行政管理权与审判权的“二元权力结构”，把审判权力运行机制“去行政化”推进了一大步。第二，建立了审判权力的内在结构。将法院抽象的整体审判权，在内部界定为审判组织认定事实、适用法律裁判案件的权力，并通过设立审判管理权赋予审判权力新的内容，在审判权力内部形成了审判权与审判管理权的“两权”新结构。第三，这一思路的推行，意味着确立了一种以审判为中心配置法院职权的思考角度，证明了分解权力、改变权力结构的可行性，为解决审判权力运行机制“行政化”问题，开辟了新的理论方向和改革思路。也正因为如此，这一思路提出后，其蕴含的意义和价值被不断发掘出来，并得到了各地法院越来越多的认同和推广，促进了近年来全国法院审判管理的全面创新发展，为后续的审判权力运行机制改革积累了实践经验。

（二）“两权分离”的困境与破解思路

推行“两权分离”，本意在于解决审判权运行机制“行政化”问题。但随着这一改革思路在许多地方法院的深入实践，其存在的问题也逐渐暴露出来，面临着难以解决的困境。

首先，理论上存在悖论。对“两权分离”中审判管理权的界定，实践中立足不同角度有多种观点。综合各方面论述，比较通行的观点，认为审判管理权是“法律法规或司法规范性文件授权法院审判委员会、院长、庭长行使的，以科学合理配置审判资源、组织、规范、指导、协调、监督、指挥和控制审判行为等为主要手段，以服务和保障审判权正当有序运行为目的的一系列权能的总和”。[①] 权威的表述是最高人民法院2011年下发的《最高人民法院关于加强人民法院审判管理工作的若干意见》，将审判管理权表述为“运用组织、领导、指导、评价、监督、制约等方法，对审判工作进行合理安排，对审判过程进行严格规范，对审判质效进行科学考评，对司法资源进行有效整合，确保司法公正、廉洁、高效”的权力。根据上述定义分析，审判管理权的权能内容，当然包括裁判文书的签发权、裁判意见变更等对具体案件的管理监督职权。管理意味着服从，管理关系就是领导与被领导、命令与服从关系，管理权本质上属于行政权。因此，审判管理权对个案的管理监督仍然是一种行政化的方式，审判管理权仍然主导审判权，存在着用行政手段解决“行政化”问题的内在悖论。

其次，制度环境的现实制约。在现行法院体制下，行政化、层级化的组织体系、管理模式、职权配置等仍未改变，院、庭长作为审判管理权的主要主体，本身就是一种行政领导职务，行政管理与审判管理监督的权力合于一身，审判管理权仍然按照行政权的逻辑运行，没有摆脱对行政化体制的路径依赖。同时，管理主体在权力资源、管理位阶、资源掌控和决策话语权等方面，相对于法官、合议庭处于非常强势的地位，审判管理权所具有的命令服从属性，进一步加剧了与审判权之间的失衡状态。同时，这种可以直接监督、决定个案的审判管理职权，行使过程普遍处于不公开、非程序的状态，存在比较大的随意性，管理追求效率的天然倾向，使得管理权的扩张缺乏相应的制约机制，极易对审判权造成不当影响、干预甚至侵夺。可以说，期望通过建立“两权”结构，

---

① 胡云腾、范跃如：《审判权与审判管理权运行机制研究》，载《人民司法·应用》2011年第15期，第47页。

依靠审判管理权的独立运行来解决审判权运行的“行政化”，没有与之相适应的体制基础和制度环境。

怎么来解决“两权分离”的困境？解决思路，只能是进一步科学合理分解审判管理权。

从前文分析看，困境的主要问题，在于其权力分解界定的不合理，导致审判管理权性质与其目的存在冲突。在“两权分离”的结构下，以是否直接涉及个案审判为标准，审判管理权包含着管理和监督两大类职权。第一类可以称为管理职权，主要是审判资源配置、管理制度完善、审判活动组织调度、审判质效考评等方面的职权，这类职权基本不涉及具体案件的程序、实体问题，也不直接关系当事人的诉讼权利和利益。第二类可以称为监督职权，主要是审判过程中的程序事项审批、对程序错误的制约纠正、对案件实体处理的指导监督，以及事后对生效错误裁判的纠正、对差错案件及责任认定等职权，这类职权直接影响具体案件的程序或实体处理，直接关系当事人的诉讼权利或利益。管理权本身具有命令服从逻辑，适用于第一类管理职权没有问题，但适用于第二类监督职权，就与审判权的独立性、亲历性等要求产生了冲突，这就是问题所在。破解这个问题，必须改变监督类职权的行政化权力逻辑，对审判管理权进一步分解，把监督类职权分离出来，作为一种单独的职权，即“审判监督权”。在此基础上，遵循司法规律和权力制约规律，按照“去行政化”的要求，对审判监督权的性质、特征、边界、运行要求等进行科学合理的界定，由此，在审判职权内部建立起审判权、审判管理权、审判监督权的“三权”权力结构。

(三)“三权分离”应当树立的新理念

审判权、审判管理权、审判监督权的三权分离，在法院内部建立了新的审判权力结构，这一改革思路的确立，打破了法院内部原有的行政化的权力运行逻辑，改变了对制度设计的价值判断标准，必须破除一些思维定式和观念误区，树立以下四个新理念。

一是程序正义、尊重诉权的理念。本轮司法改革最终目标，是“努力让人民群众在每一个司法案件中感受到公平正义”，这是我们判断一项改革方案、制度设计正当性必须坚持的标准。对审判权运行机制改革中的问题，必须着眼于这个目标，从更高角度、更广范围去思考。审判权以诉讼为基础，审判权的运行是对诉权的回应，运行的目的是为了依法解决当事人的纠纷、实现公平正义。因此，在审判权、审判管理权、审判监督权的界定、配置等一系列问题上，必须破除法院职权主义的思维定式，应当充分兼顾与诉权的互动关系，重视当事人诉讼权利的保障与实现，有效发挥诉权对审判权力的制约作用，平衡把握审判管理监督与当事人公平诉讼两种需求；在相关权力的制度安排上，必须坚持正当性优先原则，确保这些制度安排有利于程序正义的实现。

二是全流程管理、全面公开理念。审判权、审判管理权、审判监督权都是法院审判权力的有机组成部分，都关系到司法公正和效率的实现，直接或间接地对当事人、群众的诉讼利益产生影响。要有效发挥这些权力运行机制的作用，确保机制的公正性与公信力，必须确保其运行的规范性和公开性。因此，不仅是案件审判过程，包括案件管理、监督过程，都应当纳入流程管理的范围加以约束，纳入流程公开的范围接受社会监督，把这三种审判权力都装进制度的笼子里、放在阳光下运行。特别是审判监督权的运行，由于其直接影响具体案件处理的特殊性，应当将其流程放在与审判流程同样的地位，努力实现其运行规范化、程序化，行权过程全面留痕，流程节点全面公开。这是建立开放、透明、阳光、动态的审判权运行机制应有的题中之义，是从更深层次上提高司法审判公信力的当然要求。

三是权力监督与制约并重理念。在现代政治学理论中，监督和制约是两种不同的权力关系、不同的控权模式，各自发挥不同的作用。“监督是权力高度统一前提下的工作职能分工，且具有可选择性，而制约是对权力进行分解，进而在这些权力之间形成互相约束。”① 因此，监督是单向权力关系，是监督者对被监督者权力行为的审查、督促和干预，

---

① 葛洪义：《“监督”与“制约”不能混同——兼论司法权的监督与制约的不同意义》，载《法学》2007 年第 10 期，第 3 ~6 页。

本质上是一种效率导向的控权制度模式；而制约是双向权力关系，是权力主体之间平等、相互的约束与牵制，本质上是一种基于过程合理性的控权制度模式。两种控权模式都有各自的局限性，制约模式以降低权力运行效率为代价，监督模式则难以控制监督权和监督成本膨胀，存在“谁来监督监督者”的问题。司法权的判断权属性和运行特征，决定了对审判权监督与制约要保持必要的平衡。因此，构建审判权、审判管理权、审判监督权的“三权”结构，必须改变法院多年来的“泛监督主义”思维，改变“强监督弱制约”的制度模式，在三种权力的权力内容、权力边界、权力配置、运行机制等方面，要着眼制衡、强化制约性制度安排，清晰界定审判管理监督纵向层级之间的职权边界，形成纵横交错、监督与制约并重的权力运行格局，提升审判权力内在结构的科学性。

四是法院治理现代化理念。权力结构与组织结构、管理模式等因素紧密联系，审判权力运行机制改革必然促进和倒逼法院管理体制改革。推进国家治理体系和治理能力现代化，是党的十八届三中全会明确的全面深化改革的总目标。人民法院要在现代国家治理中充分发挥作用，同样必须推进自身治理现代化。审判权力运行机制改革是法院内部一场深刻的结构性变革，要把握住这一有利契机，立足改革长远发展，有针对性地减少法院体制的管理性因素、增加治理性因素。要着力转变以命令为运行逻辑、以上级和领导肯定为主要评价标准、全面管控一管到底的管理理念和思维定式，树立以“多方参与、协商对话、民主自治”为核心的现代治理理念，在审判权力配置和运行等方面的制度安排上，鼓励法院内部各群体特别是法官群体积极参与管理决策，减少对裁判形成过程的权力干预和控制，更多地通过协商、讨论等非强制手段实现管理目标，增强审判管理的民主性。要充分吸收现代管理学的有益经验，把推进法官群体自治作为组织变革中新的增长因子，充分运用好审判长联席会、法官会议等机制平台，合理嵌入民主、开放的法官自治管理机制，有效发挥其在凝聚法治信仰、提升职业认同、激发职业尊荣等方面的作用，不断提高法院管理的法治化、民主化水平，推动法院内部体制逐步走向真正以审判为中心的善治。

三、权力界定——审判权、审判管理权、审判监督权“三权”结构的理论阐释

（一）关于审判权的基本界定

在“三权”结构下，审判权是指法院内部的审判组织认定事实、适用法律对案件作出裁判的权力。这里的审判权，是对法院审判权的进一步限定，可以称之为裁判权，更准确地说应称为审判组织审判权。

关于审判权的性质，不同角度考察会有不同的结论。从国家权力的角度看，它是相对于立法权、行政权的第三种国家权力即司法权。但从司法权的内在属性出发，司法权实质上是司法人员对争议的事物进行判断的一种权力。[①] 对此，马克思有经典的论述：“法律是普遍的。应当根据法律来确定的案件是单一的。要把单一的现象归结为普遍的现象就需要判断。”“法官的职责是当法律运用到个别场合时，根据他对法律的诚挚的理解来解释法律。”[②] 从内在属性上看，审判权是判断权和裁量权，这是本轮改革的理论基点，是推进改革应当坚持的理论共识。

审判权的特征，主要有独立性、中立性、亲历性等，前文已有论述，此处不再展开。但必须强调的是，这些特征同时也是审判权应当具备的要素，是衡量、区分某类审判职权的理论标准。因此，如果法院内部某个主体的职权不具备这些要素，在理论上就不是审判权。

审判权作用的对象是具体案件，进一步说是具体案件中的事实问题和程序法、实体法适用问题。审判权的内容，主要是认定事实、适用法律对案件进行裁判。需要注意的是，案件的审判活动在程序演进上具有阶段性，具体到一个案件的不同的程序阶段，可能有不同的处理。比如，立案阶段的不予受理、管辖权异议的上诉等等。因此，在案件审判进程中，对案件事实问题、法律适用问题（主要是程序问题）作出的

---

① 胡夏冰：《司法权：性质与构成的分析》，人民法院出版社 2003 年版，第 181 页。

② 《马克思恩格斯全集》（第 1 卷），人民出版社 1956 年版，第 76 页。

判断，只要其符合独立性、亲历性、中立性、程序性的特征，都应属于审判权的范畴。司法实践中，这类事项的外在表现是需要出具法律文书。

审判权的主体具有法定性，即诉讼法、法院组织法等法律规定的合议庭、独任庭等审判组织，才依法享有案件审判权。但审判权的实际主体是法官，因为判断本质上是人的主观认知，审判组织本质上是整合法官个人判断的组织形式，审判组织的判断其实是法官判断按照决策机制形成的结果。在法定审判主体方面，独任庭、合议庭的主体地位没有疑问，但对审判委员会是否属于审判组织存在很大争论。赞同者认为，法院组织法、刑事诉讼法赋予了审判委员会对重大、疑难案件的最终决定权，因此独任庭、合议庭、审判委员会都是审判组织，“这三者之间存在的联系应为程序上的递进、功能上的互补”。[①] 反对者认为，审判委员会讨论决定案件不具备审判权的亲历性、程序性、公开性等特征，因而本质上不是审判组织，而是审判权运行“行政化”的体现。课题组认为，改革不能被现实关系所左右，而应当立足本次改革的理论基点来分析，如果法律规定就成为某种制度存在的正当性理由，就没有改革的必要。因此，对审判委员会制度这个“去行政化”绕不开的关键症结，根据本次改革的理论和逻辑去分析，审判委员会在理论上不是审判组织，但从其功能作用等实际需要考虑，审判委员会制度应当保留，需要重新界定其职权定位并进行制度重构，具体设想在后文专门讨论。

（二）关于审判管理权的基本界定

“三权”结构下的审判管理权，是指法院内部负有管理职责的机构和人员，组织、计划、指挥、调度审判活动，配置调整审判资源，建立完善管理制度，评价考核审判绩效，以服务和保障法院审判活动规范、有序、高效进行的一系列权能的总和。这里的审判管理权，其内容要小于“两权分离”下的审判管理权，更准确地应称之为审判事务管理权。

① 胡云腾、范跃如：《审判权与审判管理权运行机制研究》，载《人民司法·应用》2011 年 15 期，第 47 页。

审判管理权的性质，是带有一定司法属性的准行政权。在本质上，审判管理权是行政权，因为它的性质不是判断而是执行，不具备判断权的基本特征。比如，审判管理权具有预先的价值倾向而不具有中立性，权力实行主动行使模式，权力运行过程没有严格、公开的法定程序约束等等。但审判管理权又不是一般意义上的行政管理权，因其管理的对象是审判活动，管理必须契合审判权运行的特点并受到审判规律的制约，因而权力带有一定的司法属性，领导服从等核心行政属性不够明显。

审判管理权的作用对象，是法院内部整体的审判活动，即审判权运行的整体状态。审判管理权内容较为丰富，主要包括审判资源调配方面的职权，如内设审判机构业务范围的划分、审判力量调配等；审判指挥调度方面的职权，如案件分流、审判工作部署、重大审判活动的组织协调等；审判运行管理方面的职权，如审判流程监控、审限审批管理、审判运行态势分析和建议等；制定完善制度规范方面的职权，如针对审判活动的管理要求制定管理制度，对原有制度进行修订完善，对制度落实情况进行监督检查等；审判绩效管理方面的职权，如审判绩效指标设置与调整、对业务机构和审判组织的审判绩效进行评估、考核并进行奖惩等等。这些具体的管理职权，都不直接涉及具体案件的事实认定和程序法、实体法适用问题，不直接影响当事人的诉讼权利和利益，因而主要是一种宏观、综合性的管理权力。

审判管理权的主体，目前实践中存在争论，认为主体是审判委员会、内设管理职能机构以及院、庭长等等，各种观点都有一定的理由。课题组以为，考虑审判事务管理权的界定，以及审判管理对象的综合性、管理事务的复杂性，审判事务管理权应当也需要是多元的权力主体。在宏观决策层面，审判管理权主体是院长，这种定位也符合院长作为法院整体工作领导者和决策者的职能。在中观的审判活动日常管理层面，审判管理权的主体是专门的管理职能机构和庭长，实践中的专门机构一般是审判管理办公室，为了推进权力主体分离、强化权力之间的制约，从长远看，在合议庭独立办案机制比较成熟，充分运用信息化和大数据手段进行审判管理的情况下，审判庭及庭长的审判管理权应逐步剥离，中观审判管理主要依托审判管理办公室等专门机构来完成，健全扁平化、以横向管理的规范制约为主的管理格局，以适应法院体制改革的变化。在微观管理层面，审判管理权的主体主要是选任产生的审判长（或主审法官），这既是合议庭独立办案的需要，也与推进民主管理、加强法官自治、强化权力制约的改革方向相融。

（三）关于审判监督权的基本界定

审判监督权，法院内部负有监督职责的机构和人员，依法审批有关案件审理中的程序事项，对案件的审判活动进行监督、指导，以规范案件审判程序、纠正案件和审判行为差错、提高案件审理效率、确保裁判公正的一系列权能总和。

审判监督权的性质，是带有一定行政属性的准司法权。之所以说是司法权，一是因为其直接涉及对具体案件的程序或实体问题处理；二是因为其具有中立性，无论是对案件程序事项的审批，还是对实体问题的建议，都是出于中立立场。之所以说是准司法权，一是因为其不具备审判权的亲历性等特征，决定主要根据法官、审判组织的汇报或审判行为表现进行；二是缺乏法定程序约束，监督方式比较灵活；三是主动行权的运行方式，对审判权具有一定的约束力。可以说，这种权力是行政与司法两种权力的混合，但司法属性特征相对较多。

审判监督权的作用对象是具体案件的审判活动，即个案的审判权运行状态。审判监督权的内容，主要是“两权分离”下审判管理权中的监督类职权，主要包括事中监督和事后监督，并以事中监督职权为主。事中监督权，主要是对个案审判的程序监督、实体处理监督，包括审批回避申请和拘留等强制措施，对案件处理提出建议，要求合议庭复议，组织召开审判长联席会议讨论案件并提出建议，提请审判委员会讨论，纠正违反法定程序、管理制度、审判纪律的行为等职权。事后监督，主要是对错误生效裁判启动再审，开展案件质量、庭审质量评查，认定差错案件及责任等职权。

审判监督权运行具有以下特征：一是与审判权运行的同步性，即这种监督始终伴随着案件审判进程而推进，案件审判到哪里就监督到哪里，这是监督权发挥作用的客观需要；二是监督手段的可选择性，虽然可以通过制度规定监督的手段、方式，但具体采取哪种方式，监督主体具有一定的自由裁量权，这是监督效率的需要；三是监督内容具体而微观，监督总是针对具体案件审判中的具体问题，监督目的明确而具体，这是其与审判事务管理权的主要区别所在。

由于审判活动的复杂性和监督需要，审判监督权的主体是多元的。最高层级的监督权主体，应当是审判委员会，明晰这一职权定位，有利于发挥其通过形成个案法律适用意见产生的裁判指导作用，也一定程度地解开了审委会讨论案件缺乏亲历性的矛盾，当然审委会的行权方式、运行机制等需要重新设计。日常审判工作中的监督权主体，主要是院、庭长和审判长，他们之间的监督职权应当划清各自边界，行权过程应当规范并全程留痕。随着审判权力运行机制改革的推进，立足进一步强化制约性制度安排，还可以创新设立横向监督主体，比如案件评查合议庭，或某种专门监督机构。

四、“一体两翼”——审判权、审判管理权、审判监督权之间的基本关系与配置原则

（一）“一体两翼”的基本关系

审判权、审判管理权、审判监督权三种权力之间的基本关系，也即审判权力内部的基本权力结构，是“一体两翼”。所谓“一体”，是指审判权；所谓“两翼”，是指审判管理权、审判监督权。如果把审判权力比作一架飞机，则审判权是机身，审判管理权、审判监督权就是两侧的机翼。三种权力的运行以审判权为核心，审判管理权和审判监督权为保障，共同构成科学的审判权力运行机制。

这种“一体两翼”关系，理论上主要体现在以下方面：一是价值取向的一致性。这三种权力运行的最终目的，都是为了实现“让人民群众在每一个司法案件中感受到公平正义”的价值目标。二是有机统一。这三种权力虽然性质、功能有所不同，但是互相之间是有机联系的整

体，是宪法赋予的法院审判权在实际运行中的功能分工，都是审判权力不可或缺的组成部分，共同构成审判权力的完整内容。三是互相依存互相影响。这三种权力中，审判权是中心和基础，没有审判权就没有审判管理权和监督权，而没有审判管理权和监督权，审判权就难以有效运行并实现其目的。三种权力中任何一种权力运行发生变化，必然影响其他两种权力的运行状态。四是功能互补。要实现共同的价值目标，必须通过审判权正确、有效的运行过程；审判管理权为这个过程提供资源、制度等必要条件，从宏观层面发挥管理服务功能；审判监督权确保这个过程的依法、规范和效率，从微观层面发挥保障、促进功能。三种权力功能各有侧重，但存在着高度互补性，形成一种嵌套式结构，只有紧密衔接、协调一致，才能有效完成审判权力运行的完整过程。

同时，也必须辩证地认识到事物的两面性，注意这种“一体两翼”关系的内在矛盾张力。一是三种权力存在相互制约关系。审判管理权、审判监督权在服务、保障审判权的同时，也对审判权运行发挥着规范、控制作用，在实际运行的形态上，三种权力之间是此消彼长的关系，权力之间的平衡具有动态性特征。二是权力运行特征存在冲突。审判权运行的被动性与审判管理权、监督权运行的主动性，审判管理权的宏观性、综合性与审判监督权的具体性、微观性等等，这些方面所存在的差异，将使权力运行机制之间产生冲突和张力。三是权力运行取向的分歧。审判权运行注重公正，审判管理权运行注重效率，审判监督权运行注重过程正当性，实践中在某类事项上出现不同权力交集，不同的权力取向可能产生不同的判断结论和行为选择。

（二）三种权力配置的基本原则

审判权、审判管理权、审判监督权的“一体两翼”结构关系，是一种抽象的理论描述，这种结构要落实到现实之中，有赖于在权力配置、运行方面一系列合理的制度安排。这是一个复杂的系统工程，面对复杂多样的实际，必须坚持以下基本原则：

一是要坚持审判权主导原则。审判权是法院审判权力的核心权能，审判管理权、审判监督权是辅助权能，审判权始终是法院职权活动的主线，审判管理权、审判监督权始终围绕制约和服务审判权而运行。因此，在权力配置和运行机制的制度安排上，必须坚持审判权的主导地位，审判管理权、审判监督权在地位上不能超越审判权；必须坚持审判权才能对案件处理起决定作用，审判管理权、审判监督权的行使以不影响审判权的独立为底线；当不同权力取向和运行要求发生冲突时，必须坚持把维护、保障、促进审判权依法独立公正高效运行作为制度设计的首要目标，而不能单纯从管理、监督的效率、便利等角度考虑问题。

二是要坚持权力结构平衡原则。“一体两翼”权力结构的合理性，主要依靠权力之间的制约作用，而权力之间有效的相互制约，主要依靠权力之间的动态平衡。实践中，审判权、审判管理权、审判监督权应当相互制衡，任何一种权力的过度扩张，同时就意味着其他权力受到限制、其应有权能受到减损，从而造成权力结构的失衡。鉴于多年来法院内部管理、监督权一直处于强势地位，因此在三种审判权力配置的制度设计中，尤其要注意审判管理权、审判监督权的边界合理性与确定性问题，坚持适度管理、监督的思路，在管理、监督的内容、方式等方面自觉地保持克制；注意树立诉权监督新理念，通过制度、程序上的创新，加强诉权对审判监督权、审判管理权的制约作用；注意权力制约的相互性，有意识地在制度上发挥审判权对管理权、监督权的制约作用。同时，审判管理权、审判监督权包含的各项具体权能，也要注意控制性权能与服务性权能在配置上的合理平衡，以确保权力全面充分发挥其应有的功能。随着法院改革的深化，审判制度、工作机制、管理方式等将不断出现新情况，三种审判权力之间的配置平衡具有动态性，要及时调整、完善相关的制度规范。

三是要坚持权责一致及匹配原则。有权必有责是现代民主政治的共识。问责是权力运行机制的关键一环，对权力配置、运行机制的各种制度安排要发挥作用，最终需要落实到权力主体的责任承担上。因此，在三种审判权力配置的制度安排上，必须坚持权力与责任的一致性，有权力就必须有责任，权力边界到哪里，责任边界就到哪里；注意权力与责任的匹配性，权力有多大，责任就有多大，如果某项权能是具体、确定的，那么其责任也应当是具体、确定的。

由于权力性质和运行特征不同，三种权力主体承担的责任也不同。就当前的改革理论研究看，审判组织和法官行使审判权的司法责任是比较清晰的，主要包括司法伦理责任、司法绩效责任、审判瑕疵责任、违法审判责任，但审判管理权、审判监督权的责任是理论难点问题。“责任”的概念具有多义性，但一般来说基本上包含两种相互联系的含义，一是指分内应做的事情，即应当承担的义务；二是指没有做好分内之事应当承担的对自身不利的后果。具体到审判管理权、审判监督权主体的责任，主要是第二种含义。

审判管理权主体的责任，应当以明确、具体的权责内容为前提，承担以下责任：一是管理责任，也可以称为领导责任，本质上是政治责任，针对的是审判管理活动的总体效果。鉴于审判管理活动的综合性和行政性，这种责任主要源于上级综合性评价后的政治性后果，责任承担方式体现为对主体工作业绩、职位升迁等个体利益的影响。为解决问责的操作性问题，应当研究制定管理权主体与管理对象审判业绩的挂钩制度，同时通过设置量化指标、行为定性等方法，建立审判管理能力评价机制，从管理业绩和能力两个方面解决考评的可操作性问题。二是纪律责任，主要是违反规定不当管理、管理失职，对审判活动造成比较严重后果的，按照相关规定给予纪律处分。这类责任应当实行过错责任原则，建立责任清单以明确具体责任情形。三是法律责任，主要是按照刑法关于职务犯罪的相关规定来确定。

审判监督权主体的责任，同样应当以明确、具体的权责内容为前提。由于审判监督权主要是针对具体案件审判，因此权力主体承担的责任，与审判组织、法官的司法责任具有连带性，根据其是否失职、不当履职、错误履职与危害后果的因果关系、影响程度，相应地承担司法伦理责任、司法绩效责任、审判瑕疵责任、违法审判责任。比如，监督主体的错误指导意见被审判组织采纳，导致审判瑕疵、差错案件甚至违法审判，监督主体应同样承担相应的司法责任，但应当适当减轻责任程度。

第五章 制度之维

——审判权运行机制构建思路与重点环节

突出审判组织和法官的主体地位，并将权力与责任高度统一于审判主体，辅以必要的权利保障、利益激励，是构建科学审判权运行机制的根本所在，也即权、责、利相互协调、相互促进的运行模式。其中，权力的科学配置具有基础性地位和作用，是审判权科学运行的前提条件。因此，要构建科学的审判权运行机制，首先必须完善审判权、审判管理权和审判监督权的职权配置；在此基础上，要构建完善的责任追究体系，以严格的责任约束倒逼法官和审判组织规范用权、公正裁判；同时，还要进一步完善职业保障体系，通过“利”的保障激励，为法官和审判组织依法独立公正行使审判权注入正能量。

一、审判权配置体系的重构

本节所论述的审判权，是狭义的审判权，仅指审判组织和法官认定事实、适用法律审理、裁决各类案件的权力，也即裁判权。作为国家权力的一种，裁判权由宪法和法律授权给人民法院独立行使，这种权力在运行中由法院分解至审判组织和法官，通过具体司法行为来予以实施。当前，人民法院具体行使审判权的主体包括独任制法官、合议庭、审判委员会等多个审判组织，彼此之间的层级关系又混杂于科层级的行政化管理模式中，审判权的实际运行变得非常复杂。因此，必须严格遵循其作为判断权和裁决权的权力运行规律，体现审判权的独立性、中立性、程序性和终局性特征，对裁判权的配置进行合理优化，消除权力运行的行政化，合理界定各类审判组织的职权和责任范围，实现法官审判、审判组织审判与人民法院审判的有机统一。

（一）审判权的配置原则

1. 审判权主体单一原则

审判权的范围十分狭窄，它仅仅立足于具体案件的对于裁判行为和结果的需求而启动并运行，集中于案件的事实认定和裁判形成过程中，例如庭前准备、庭审以及合议、裁判文书的形成与签署。其他与具体案件审理没有直接关系的“审判”活动，例如法院整体案件处理进度和效率、类型案件裁判标准的统一等，在“三权”架构理论下，这些均不属于审判权，而是属于审判管理和审判监督职权的内容。因此，审判权的配置，必须把握好审判主体和权力内涵，也即审判权只能由审判主体行使并承担责任。

2. 审判权独立性原则

法官和审判组织独立行使审判权，是审判权科学运行的基石，是审判权区别于其他国家权力的根本标志。科学配置审判权，必须坚定独立审判的价值导向，坚决维护和保障法官依法独立行使审判权。审判主体之外的其他个人、组织均不得以管理、监督或其他方式和理由变相非法干预审判权。

3. 审判权亲历性原则

对案件事实和法律的判断，必须根据诉争各方的举证、质证、辩论对案件信息进行过滤、选择、取舍，综合运用归纳、分析、演绎等推理方法，才能形成内心确信的结论，这个过程非亲历不能达到。因此，在审判权配置过程中，必须强调审判主体的亲历性、直接性，以此固化审判主体的审判行为，避免委托、间接行使审判权。

4. 审判程序的规范性原则

审判权的实质是判断权，这决定了其行使必须遵循特定的程序规范，方能保证判断权不受到主观性的不当侵扰，这也是司法正义中程序正义的价值所在。审判亲历性、公开性，均是审判权的程序规范属性的体现，这也决定了裁判权在其独立属性得以彰显的同时，必须受限于制度和程序的框架之内。

(二) 审判权的行使主体

虽然我国法定的审判主体仅包括独任庭、合议庭和审判委员会，但我国法院内部组织实际上是按照科层制原理构建起来的，存在着从普通法官经由庭长、院长到审委会这个明显具有从属性的层级关系和建制，使得院、庭领导也在一定程度上分享审判权。因此，我国审判权主体在现实中表现为多样性、多重性和复杂性，除独任制法官理论与实践中较少争议外，对其他主体有必要正本清源，予以廓清。

1. 需要逐渐淡化退出的裁判主体：审判委员会

在我国，所有的案件审理均由独任法官和合议庭负责完成，审判委员会制度的存在，使得合议庭的审判独立有着法律上的权力，却存在制度上的干扰。审判委员会的设立基于促进重大、疑难、复杂案件以及其他合议庭无法裁决案件审理的目的，加之审委会成员在审判经验上要优于经验较少的合议庭成员，该制度有着一定的优点，但其对法官独立性的干扰不可否认。一般情况下审判委员会的决定会替代合议庭的决议，成为最终的裁判①。一方面是因为法院实行行政级别管理，而审判委员会是由院长、副院长、庭长、资深法官等组成的，换言之审判委员会是一个由院级和中层以上领导组合而成的综合体，在行政级别不容忽视的法院内部组织里，审判委员会的决议势必会对合议庭的法官产生极强的影响。另一方面，是因为当合议庭对审判委员会的决议不服时虽然有权申请复议，但是只可以申请一次，并且法律没有规定合议庭对于复议结果不服该如何处理，也没有限制审判委员会不得作出一样的决定。尤其是审委会并不参与案件庭审，仅凭借案卷中已有的证据及合议庭主持下的庭审记录等书面材料，对案件作出裁决，在案件复杂难以决断的情况下，即使合议庭并未在庭审中查明事实，审委会同样需要作出决断，如

---

① 王建华：《审判委员会制度研究》，中国政法大学出版社 2007 年版，第 101 页。

何避免冤假错案有待讨论[1]。有学者认为，审判委会讨论决策制度作为中国特有的制度，使得案件的裁决深受行政因素的影响，危及审判权的独立性。[2]

课题组认为，审判委员会作为审判权主体的确值得反思。首先，从审判权的特性来看，裁判对于审判过程的亲历性、公开性（这里的公开性包括审判过程对于当事人的公开，并不仅仅是指对社会公开）要求，均无法在审委会决定案件的过程实现，仅仅通过一次或者数次的会议讨论，是无法实现对事实查明形成一个较为准确的判断的，这也是当前审判委员会改革将重点放在法律适用上的原因。其次，从审判权主体的层级设置来看，审判委员会被法律赋予了高于独任庭和合议庭的层级地位，而层级设置本身却与审判权独立、审判组织成员平权的理论基础是矛盾的，审判委员会能够行使否决权否决合议庭的裁判结论，并未经具体案件的审理，而通过“讨论”的方式形成替代性的结论，这种层级优势的法定性归根到底仍然是一种行政化的体现，本质上是有违审判权独立属性的。最后，从审判委员会决定案件的优势来看，审判委员会能够集中资深法官的经验和智慧，这种集中应当更多地发挥在审判经验的总结和裁判标准的统一方面，而这并不属于审判权行使的范畴（原因已在审判权的单一性原则中论述）。至于疑难案件审判对于资深法官裁判智慧的需求，完全能够通过由资深法官组成合议庭对案件全面审理、合议并作出裁判结论的方式来解决，在某种意义上，审判委员会决定案件

---

① 李志增：《司法公正的障碍还是保障？——中国基层法院审判委员会制度研究》，载《河南财经政法大学学报》2013 年第 6 期，第 82 ~ 88 页。

② 申玉、陈峰：《论独立审判体制之改进》，载《河北法学》2015 年第 4 期。

实际上只是发挥了一个大型合议庭在合议阶段的职能。[①] 因此，课题组认为，随着职业法官制度完善、法官素质能力全面提高以及主审法官合议庭独立审判制、司法责任制等制度的完善，未来审委会将成为宏观的审判业务指导监督机构，不再涉及具体个案，审判委员会必然退出审判权主体队伍，使审判权主体与审判权的属性特征相契合，也进一步避免审判委员会兼具案件审判、审判监督多重身份时对于审判权无形的侵扰和干预，这是根除审判权运行行政化色彩的重要步骤。

2. 需要回归和突出的主体：独任庭和合议庭

独任庭与合议庭一样，都是代表人民法院行使国家授予的审判权的主体单元。明确了这一点，也就能够把目前将审判独立等同于法官独立的认识予以否定，因为法官个体不可能脱离人民法院和审判组织而享有审判权。

法官经由庭审程序的亲历而获得必要的案件信息（这些信息不仅仅只是有关案件事实认定与法律规范适用上的信息，还包括当事人、辩护律师等诉讼主体的意见甚至是情绪），缺乏这一亲历性的主体往往也就难以完全有效地掌握相关信息。[②] 独任法官和合议庭主体地位的回归与突出，实际上是对于案件审判亲历性特征的基本回应。作为审判活动的

① 审委会委员组成合议庭可以说是一种全新的审判组织模式，也是一种致力于打破现有法院内部审判主体结构和关系的做法。从《试点方案》的规定来看，审判委员会委员除作为审判长主持合议庭的案件审理外，还可以与其他审判委员会委员组成 3 至 7 人的委员合议庭，审理重大、疑难、复杂的案件。审委会委员组成合议庭审理案件，按照合议庭审理案件的程序办理。在各地法院的改革试点中，有的法院设立了委员合议庭，侧重审理重大、疑难、复杂案件；有的法院设立的委员合议庭则重点办理院长交办的重大、疑难、复杂或新类型案件。参见方乐：《审判权内部运行机制改革的制度资源与模式选择》，载《法学》2015 年第 3 期。但是，课题组认为，从性质上，审委会委员组成的合议庭，与普通法官组成的合议庭没有不同。正如车轮不是汽车一样，委员合议庭不是也不能代表审委会，解决不了审委会决定案件的亲历性问题，只能解决委员办案问题，只是委员审案的一种方式。即使明确为委员合议庭只审理重大疑难案件，那么在立案时许多案件难以判断是否重大疑难，尤其是疑难案件经常是要审了才知道。难道这个时候更换为委员合议庭吗？这是不现实的，成本很高。在不改变委员选任机制的情况下，委员普遍担任院、庭长职务，委员合议庭审理的案件数量必然很少，很难发挥好示范指导作用。即使更进一步，对提请讨论的重大疑难案件，采取审委会全体开庭审理的方式，不说现行法律关于合议庭人数的限制，在一个案件的同一审级程序里，有两个存在上下位阶、决定服从关系的审判组织，在诉讼逻辑上也无法合理解释。

② 龙宗智：《论建立以一审庭审为中心的事实认定机制》，载《中国法学》2010 年第 2 期。

基本单元，合议庭在案件处理的过程中，主体行动中的审与判是紧密结合的，主体的权与责也是相统一的。

在强调独任庭和合议庭的主体地位回归时，面临的重点问题就是如何实现庭长、院长以及审判委员会委员本原角色的回归，这些具有较强审判业务能力和裁判经验的法官，必须从过去行政化色彩浓厚的案件审批职能中，转换到案件的亲历审判过程中。无论是院、庭长还是审委会委员，他们的基本身份是法官，基本职能是审理和裁判，行政职务和管理监督职责均不能超越其基本身份与职能，因此，将他们纳入合议庭承办具体的案件是审判权运行机制的必然要求，这有助于将其行政性角色转换为司法者角色，进而避免行政化因素对裁判结果的干扰。

（三）审判权配置的内容和机制构建

审判权的配置在我国的诉讼法等相关法律已有较为明确的规定，但由于职权范围不清晰、权力行使流程不规范，在本质上产生了一种审判权力秩序的失范，这种无序状态使得权力界定不清从而导致责任划分不明，也给审判管理和监督权力提供了扩张和干预的空间，导致出现以行政化决策方式影响案件裁判。这突出表现在审判主体的裁判权责与管理、监督权责不明、裁判文书层级审核签发制等方面，“合而不议”“审者不判，判者不审”成为其集中表象。因此，审判权配置改革必须解决权力主体职权范围、裁判结论形成过程、裁判文书签署机制方面的问题：

1. 审判组织及成员的职权界定机制

从试点法院的改革情况来看，各法院在审判团队内部职能的分工上的做法也并不统一，一些地方仅仅只是简单地强调审判长的主导地位。与此同时，有关审判长的职责究竟包括哪些方面，各地法院虽然并不统一，但实际上基本又都是参照庭长的相关职责进行各自的修订，反而并未将审判长的审判管理职权与审判职权进行严格的区分界定。同时，对于合议庭其他成员以及独任法官的职权界定尚未加以明确，很有可能使审判长演变为过去行政化色彩之下的新型“庭长”，干预独任法官的案件审理或者合议庭的平权表决。因此，必须要对审判长、合议庭成员以及独任法官在审判组织中的审判职权进行清晰界定，实现职权边界清晰化，职权关系协调化，权力主体之间互不侵扰，尤其是要将审判权与审判管理权、监督权进行严格区分，尽最大可能隔绝审判管理权、监督权影响审判权的制度空间，避免审判管理权、审判监督权异化审判权的制度存在。

课题组认为，目前比较理想的职权界定方法，应当是以权力清单的方式对审判组织以及审判组织的组成人员根据案件程序的差异、法定程序规定的权限范围，分别就审判权的核心内容进行“赋权”，明确各类主体享有何种权力、如何行使权力，科学合理地确定各类审判组织的职权范围。这些权力主要集中在采信证据的权力、法律选择适用的权力、作出裁决的权力、签署裁判文书的权力、发表评议意见的权力等方面，同时还有主审法官（审判长）特有的程序方面的权力，包括合议庭成员外其他人员的回避决定权、庭前会议、庭审活动主持权、案件评议主持权、对未能形成决定性意见案件复议组织权等内容，需要根据各地法院的主审法官和合议庭工作模式进行具体的职权划分和界定。

2. 合议庭议事机制

作为案件审理和裁判形成的关键环节，合议庭议事机制必须形成规范化、可操作性强的评议程序，避免“形合实独”现象。一是要强化合议庭的办案职责落实。不仅要避免合议庭审判权集中到某一个成员手中，或者是主要由某一个成员行使，其典型表现是审判长或承办人包干到底。还要避免合议庭成员将审判权让渡于他人。主要是指有的合议庭成员出于人情照顾、能力不足等方面的原因，甘愿不作为，将本应行使的权力及职责交由其他成员行使。二是要完善合议制裁判下审判权集体行使的运行规则。切实构建科学合理的合议庭评议表决机制，通过制定相应的评议规程或者实施办法，对评议表决的对象、程序、规则等事项进行明确规定，增强可操作性和约束力。在评议内容上，明确合议庭成员要对案件的证据采信、事实认定、法律适用、裁判结果以及诉讼程序问题等事项全面进行评议。在评议的程序上，要采取先由资历浅或职务低的法官发表意见，承办人或审判长最后发表意见的做法，避免承办人或审判长先发表意见，其他成员只是附和。三是在评议的方式上，禁止结论性评议意见，合议庭成员的评议意见要展示出其所认定证据效力和案件事实的心证过程，以及适用法律作出结论的逻辑推理过程，不允许仅仅发表同意或者不同意之类的结论性评议意见。在表决权限上，实行平权表决。经合议庭成员充分讨论并发表评议意见后，按少数服从多数原则由审判长归纳一致或多数意见，作为合议庭的决定，但少数意见应记录在案。合议庭应当按照规定的权限，对形成一致或多数评议意见的案件及时作出判决或裁定。审判长联席会议或专业法官会议对案件的处理意见或建议，供合议庭评议时参考，不具有强制效力。三是明确合议庭表决意见的担责机制。合议庭整体对案件处理结果负责。至于持多数意见和少数意见合议庭成员的责任是否有区分，这属于合议庭承担责任后，对合议庭成员进行内部责任划分的范畴，并不影响合议庭作为审判组织对案件承担整体责任。

3. 裁判文书签署机制

裁判文书签发可谓“行政化”的标志之举，是多年来一直难以医治的痼疾。因此，裁判文书签发权的归属一直是审判权运行机制改革的焦点问题。在讨论裁判文书签发机制改革之前，有必要对“签发”的属性予以厘清。所谓“签发”意味着有权人对文书的认可和批准，具有高度的行政色彩。而在审判工作中，独任法官对独任审理案件的裁判文书无所谓批准和认可，因为裁判文书由其自行作出，自己对自己进行批准和认可，已经陷入矛盾之中；而在合议庭审理中，各法官权力平等，审判长所拥有的仅为程序控制权，无权对合议庭结果予以批准和认可；对其他的院庭领导而言，未参与案件审理，更加无权予以批准或认可。因此，对裁判文书使用“签发”一词，本身就不符合司法规律，而应将“签发”改为“签署”。在具体制度建构上，课题组认为，独任审理的案件，裁判文书由独任审判员直接签署即可。合议庭审理的案件，案件裁判文书一般由承办法官制作，合议庭其他成员均需审阅，经承办法官、合议庭其他成员、审判长依次签署后付印，印制完成后经承办法官检查无误即可宣判或送达。合议庭成员在审阅中有不同意见的，可以提出修改意见。合议庭成员对裁判文书的表述有较大分歧的，应当进行评议。评议后仍未能形成多数意见的，由审判长决定是否提交审判长联席会议或专业法官会议讨论形成参照性意见，并在此基础上再行合议。合议庭成员共同对裁判文书内容是否符合合议庭评议意见负责；裁判文书的制作质量由承办法官负主要责任，审判长负次要责任。院长、副院长、庭长、副庭长不得对未参加合议审理的案件的裁判文书进行签发。

由于当前法律规定尚存在一些对于院、庭长在程序性审批方面或特殊案件审批权的硬性规定，在法律尚未修改之前，可在职权范围之内对院、庭长在相关方面的审判权进行界定后，由其依据法律、司法解释对有关法律文书进行审核或签发。同理，在法律对审判委员会的审判主体地位实现退出之前，尚需遵循在法律框架之内，完善审委会决定案件的裁判文书签署机制。经过审判委员会讨论案件的裁判文书，经案件承办法官、合议庭其他法官和审判长依次签署后即可印发。合议庭应当执行审判委员会的决定，审判委员会作出决定的理由应当反映在以合议庭名义制作的裁判文书中。

4. 审判委员会讨论案件机制

前已述及，从长远来看，审判委员会将退出审判主体队伍，但这有赖于法律的顶层设计，并非一朝一夕所能成。目前，仍应在法律原则内，将审判委员会定位为法院内部最高审判组织，继续行使相关审判职权，但对其履行审判职权的方式方法应有所创新和变革，以使其更加符合审判的规律性要求。

第一，建立审委会监督具体案件的新型权力模式。在建立明确、可操作的案件“重大、疑难”标准，完善过滤机制，严格限制和减少提请审委会讨论案件的范围与数量同时，明确审委会讨论决定案件的行权方式为同意权和否决权。同意权，是指审委会同意合议庭的一致意见或多数意见，对合议庭裁判起到一个支持、分担压力的作用。否决权，是指可以否决合议庭的一致意见或多数意见，但不再同意少数意见或直接另行作出处理决定，而是要求合议庭另行复议。这样避免了错误或利益权衡不当的裁判，但也没有代替合议庭作出裁判。这看似一个小的改变，但性质有所不同。就宛如议会和政府的关系，议会依法对政府作出的重大决定进行审查监督，可以否决政府的决定，但并不代替政府作出决定。[①] 第二，创新审委会讨论案件的程序。对于提请讨论的案件，要实行审判长联席会议讨论前置制度，建立讨论案件事实固定制度和合议庭法律适用分歧提炼归纳制度。严格落实回避制度，对当事人一案一议一通知，比照更换合议庭成员，严格出席会议委员的变更条件。对于特别复杂、疑难案件，应通知各方当事人到会陈述法律理由。第三，创新审委会行使职权的组织形式。在建立审判委员会专业会议的基础上，推动其向专业裁判委员会转型。比照简易程序与普通程序转换，建立特别重大、复杂案件由合议庭审理转为专业裁判委员会审理的程序机制，形成独任庭、合议庭、专业裁判委员会的审理程序递进结构。

二、审判管理权配置体系的重构

作为一种管理权，审判管理权更多地体现在宏观性、决策性功能上，在这个层面上配置审判管理权，能够避免与审判权行使于单一案件这一范围形成混同，减少多层级审判管理主体对具体案件审判的侵扰和干预。在对审判权配置进行明确界定之后，必须相应地对审判管理权的配置进行合理构建，明确其属性、范围和主体职权范围，才能够发挥审判管理权保障审判权公正、高效运行的职能作用。

（一）审判管理权的配置原则

1. 审判管理的范围限定原则

通过前文对于审判权和审判管理权的基本界定和基本关系的厘清，可以明确审判管理权是审判权派生的子权力，一旦脱离了审判权，审判管理权就失去其管理的作用和意义。审判管理权的产生是为了审判权高效顺畅运行，是“为了防止审判权行使的异化而对审判权进行的内部二

---

① 深圳福田法院推行审判长负责制改革期间，对此进行了探索尝试，从实际效果看，也没有出现负面影响和问题。

次分割”。[①] 审判管理权不应当僭越审判权“独立审理、独立裁判”的基本界限，不能以管理手段干扰审判权的独立、正常运行。因此，审判管理权运行的首要原则应当是审判管理权的边界原则，“边界”是指在审判权与审判管理权两者冲突时，审判管理权应当让位于审判权。审判管理权对于审判权运行的规范、约束以及对于审判权运行的效率追求，均不得以牺牲审理及裁判的独立性为代价。

如是，审判管理权的范围边界应当如何界定，则成为审判管理权配置体系构建的关键问题。按照《最高人民法院关于加强人民法院审判管理工作的若干意见》的表述，审判管理权可以表述为“运用组织、领导、指导、评价、监督、制约等方法，对审判工作进行合理安排，对审判过程进行严格规范，对审判质效进行科学考评，对司法资源进行有效整合，确保司法公正、廉洁、高效”的权力。[②] 不难看出，审判管理权的范围应当限定在整体性、布局性的流程管控和资源调度上，它强调的是法院整体审判程序的手段性调节，而并非对于个案实体审判进行影响和判断。因此，审判管理权的范围应当严格限定在以规范化为原则的审判制度建设、以流程管理为载体的审判效率管理、以态势分析为依托的资源调配管理、以科学评价机制为依据的绩效管理等为主要内容的法院整体审判运行管理这几大方面。在上述审判管理权的权能范围内，均不涉及审判管理权行使主体对于案件审理裁判内容的审批、指示，在此边界内的审判管理行为一旦干扰到案件独立的审判，应当被视为越权行为而予以制止并追究相应的责任。进一步而言，审判管理权范围限定原则必须通过各级法院在制度体系建设中对审判管理范围进行明确的界定和划分方能得以有效实现，过去对于审判管理模糊笼统的界定和表述，必须被清晰、细致的审判管理规范所代替。

2. 审判管理的职能辅助原则

按照《最高人民法院关于加强人民法院审判管理工作的若干意见》

---

① 邓俊明：《审判管理：一个概念的澄清兼及模式的建构》，载 http：//court. gmw. cn/html/article/201301/16/117170. shtml，最后访问时间：2015 年 2 月 25 日。

② 参见《最高人民法院关于加强人民法院审判管理工作的若干意见》。

中对审判管理权的表述，其实质是运用一定方法，确保司法（本质上也就是审判权运行）实现公正、廉洁、高效。既然审判管理权的产生是为了审判权高效顺畅运行，那么其服务和辅助功能应当在审判权运行的整体过程中得以凸显。只有将审判管理正确定位于服务和辅助审判权运行上，才能够将过去审判管理强势介入审判权独立行使的局面真正改变。审判管理的过程不是单向强化行政权力的过程，此种权力不是具有上令下行的行政管理意义的管理权力，它只是通过流程管理的手段来服务和促进审判权力运行的规范和效率，从而实现审判权运行公正和高效。审判管理权作用于审判权始终是附条件、规范化的，规范、效率在任何时候都不能成为干扰审判独立性的理由和借口。但同时，也要防止对审判管理权的功能的弱化，一旦审判管理权的辅助服务功能发挥不到位，必然对审判权独立高效运行产生负面影响。因此，要通过审判管理权功能的恰当定位，来防止审判管理权与审判权之间的存在的两种类型的冲突："一种是积极冲突，具体表现为民事审判管理权侵占民事审判权的行使领域或者是民事审判管理权侵入民事审判权的行使过程，即民事审判管理权束缚民事审判权或者分割部分民事审判权；另一种是消极冲突，表现为民事审判管理权放纵民事审判权，对其不加引导，或是民事审判管理权不能履行其分内的职责，留下服务、保障民事审判权的空白，从而使得民事审判管理权不能有效地辅助、保障民事审判权。"①

审判管理权要服务于审判权行使主体，也就是行使审判权的法官、合议庭以及审判委员会。一是要着眼法官个体需求，创造符合法官职业特点和发展规律的管理机制和环境，从而为审判权主体的"最小单元"提供稳定的保障；二是着眼于合议庭的机制构建，建立以审判长为核心的案件审判管理制度，实现对合议庭内部审判资源的科学分工和案件质量的监控，为审判权的"组织型"主体提供良性的运作规范；三是着眼于院、庭长的桥梁和纽带功能，实现审判微观管理和宏观管理的协调

① 王琦：《审判权与审判管理权的冲突与良性互动——以民事审判管理为视角》，载《海南大学学报（人文社会科学版）》2013年第3期。

运作，确保审判权在大链条、大环境下的公正高效运行；四是着眼审判委员会宏观指导职能，发挥最高审判组织在研究具有普遍性的法律问题、统一裁判标准方面的职能作用，从宏观层面维护审判机体的正常运行。

在明确审判管理职能辅助原则的前提下，要特别强调管理是手段，不是目的。作为审判管理手段之一的量化考评，其往往只是反映出审判权行使的一个方面，不是审判工作的全部。“要科学评估统计数据与审判业绩的关系，树立正确的政绩观，避免简单地以数字论英雄，造成法院和法官对审判管理数据的刻意追求，扭曲审判管理的终极目标。”① 在当前审判管理的现状下，扭转不科学的考核机制，回归审判管理手段辅助服务的本质属性是亟待完成的任务。

3. 审判管理的程序规范原则

审判管理范围限定和职能辅助原则的落脚点都是在于确保作为审判权派生权力的审判管理权在运行中“不缺位、不越位”，但如何避免审判管理权功能缺失，同时防止其作为一种权力暗含的扩张属性？在司法和权力中引进程序，是避免司法不公和权力腐败的经济有效的理念设计，程序在法律制度中的地位也不容小觑。程序中心指的是法律制度进化的过程中，强调程序建设的重要性和凸显程序在审判管理中的枢纽位置。② 审判管理以程序为中心、规范为原则，这是确保权力范围得以限定、辅助职能得以发挥的载体和依托。审判管理程序规范化能够有效实现管理权能的顺畅，借助程序防范审判管理权的扩张与恣意。作为审判权的派生权力，审判管理权的行使或直接或间接地影响司法公正高效、关乎当事人的诉讼权利和利益，因此其运行必须依法有据、公开透明、程序严格，具有可监督性、可回顾性。③ 目前，法院的审判流程管理，

① 王晨：《审判管理的性质与体制机制建构》，载《人民司法·应用》2014 年第 5 期。

② 刘娜：《扩张与谦抑——从审判管理的“管”“理”之辩分析其职能定位》，载 http://dgqfy.chinacourt.org/article/detail/2013/11/id/1149246.shtml，最后访问时间：2015 年 4 月 1 日。

③ 郭毅敏、丁健、王德军：《论审判权、审判管理权、审判监督权的配置与运行》，载《求法》2014 年第 3 期。

主要是以案件程序发展为主线的流程管理，从各地的普遍实践看，流程管理较好地整合了审判过程管理的公开性、规范性、程序性要求，是行之有效的管理载体。但这种流程管理并没有涉及审判管理行为上，也就是说它仅仅涉及个案的流程，而没有对于审判管理权力的行使进行细节性的规范。因此，在审判权运行机制构建过程中，应当将权力边界、权力行使方式都以流程管理这种规范化的管理方式来进行明确，推行“全流程管理”的理念，对权力运行中的环节、事项、权限、责任等进行全面梳理和研究，转化成可评判、可监控的标准和节点，将审判权、审判管理权和审判监督权纳入整体考虑，打造动态把握三种权力运行状态的全流程管理体系。审判管理权的流程性尤其明显，它的程序化、规范化将直接影响审判权、审判监督权的规范化程度，因此，在审判管理的流程设计和规范化要求上必须全面慎重，发挥其辅助服务审判权的中枢作用。

具体而言，在审判管理主体的权力范围方面，应当以权力清单的方式对权力主体进行“赋权”，明确审判管理主体可以行使哪些审判管理权能，形成“正面清单”，同时对超越管理范围、容易扩张侵犯独立审判权的行为，予以否定限制，明确此类越界的“管理”行为不可为，形成“负面清单”。在权力行使方面，主要通过流程管控标准、节点层次划分来明确如何启动、行使相关的管理权力，使得每一项管理权能的运行都能够主体明确、操作规范、层次分明、节点清晰、责任对应，确保审判管理权在规范的程序体系中发挥其应有的职能。

（二）审判管理权行使主体和层级关系

1. 宏观管理指挥层面：院长

审判管理权作为一种具有宏观性、综合性的审判实务管理权，其作用对象为法院的全部审判活动，审判管理权的行使主体必须具有最高的管理权限和整体调度能力，院长作为法院管理工作的最高领导，作为行使审判管理宏观决策权力的指挥官，形成全局性的审判管理思路和决策，组织制定审判管理的制度规范，决定审判管理的重大事项。副院长协助院长工作，在分管的范围内对审判管理各负其责。具体的审判管理决策职能，可以采取权力清单的模式以制度形式明确与固定。

2. 中枢管理枢纽层面：审判管理办公室

审判管理部门作为专门的审判管理机构，在新的权力运行机制下要充实其作为中观枢纽的管理权能，原本由院、庭长掌握的管理权能应当有相当一部分由审判管理办公室吸收，审管办作为职能机构行使的审判管理权是院庭长审判管理权的让与和整合①。鉴于本身超脱于个案审理的地位设计，同时以管理程序的规范化作为保障，审判管理办公室能够在审判管理运行的大链条中发挥中枢作用，院长的宏观管理决策将通过审判管理办公室的具体制度和流程运作得以在具体审判工作中实现，而具体案件审判集中反映的问题将通过审判管理办公室的汇总梳理和分析，传递至相应职能部门以及行使宏观决策权力的院长。

审管办在审判管理方面主要行使审判流程管理、审判质效指标统计和运行态势分析方面的职责。为此，要建立汇报和通报机制，审管办定期向院长提交和汇报全院审判质效指标、审判流程管理等情况，并以审判管理通报等形式下发全院。同时，不断完善相关制度，如案件报结、审限变更的程序和标准，并协调调度其他相关审判管理、监督主体形成职权范围内的管理、监督规范。

3. 日常管理微观层面：庭长以及主审法官（审判长）

实现庭长审判管理制度的转型，应在坚持主审法官、合议庭独立审判基础上，构建合议庭责任制和庭长审判管理责任制，做到权利与义务对等、权力与责任统一。庭长的审判管理职责在今后一段时期内“应集中在程序事项审核批准、综合性审判工作宏观指导、审判质效的全面监督管理以及排除不当干扰等方面”。② 课题组认为，审判权运行机制改革后庭长审判管理职责的核心应当是实现发挥审判权行使主体与宏观审判管理权决策之间的纽带作用。他们的审判管理职责是一种区别于个案

---

① 王化霞：《论院、庭长审判管理权的行使》，载 http：//www. ahcourt. gov. cn/sitecn/zh/49066. html，最后访问时间：2015 年 4 月 25 日。

② 参见《最高人民法院关于切实践行司法为民措施大力加强公正司法不断提高司法公信力的若干意见》。

监督职责的综合性审判管理职责，庭长应是合议庭与审判管理专门机构、院长对称审判信息的桥梁和纽带。[①] 也就是说，庭长将审判管理办公室常态运行下的流程节点管控、统一裁判规则、指标态势分析、审判委员会宏观决策和思路细化分解落实到具体案件审理的程序中，庭长的审判管理行为是个案信息与宏观管理之间实现对接的纽带，而不是替代和影响合议庭独立作出裁判。

正如上文所论述，对庭长的审判管理职责可以采取“清单管理”的模式，厘清院、庭长对于案件的审判权和对于院、庭事务的审判管理职权之间的界限，将审判权力运行过程中的行政化因素予以剥离。“权力清单”从正面规定院、庭长的审判管理职权，不针对具体案件，而是宏观、中观乃至微观的审判质效管理、流程节点管控等；同时规定院、庭长不得越级或超越职权范围进行管理，不得对其未参与合议庭的案件裁判文书进行签发等，不得强令合议庭改变评议意见等。

在“让审理者裁判、由裁判者负责”的主审法官和合议庭办案责任制下，院、庭长的审判管理权相较于以前将得到弱化和限缩，原来基于案件审批权限而对具体案件的强势管理被审判管理机构的流程管理、主审法官和合议庭对独立审判个案的具体把握分解吸收，院、庭长的管理权限处于超脱个案的层面，以管理链条连接点的身份来实现整体案件质效的提升。值得强调的是，他们的审判管理职能并没有被边缘化，而是通过纽带作用将微观管理中出现的类型化、代表性问题反馈至审判管理办公室这一中观枢纽管理层面，同时也将审判管理办公室流程管理对类型化、代表性问题的解决方案落实细化至具体的审判组织运行中。

一个需要引起特别注意和审视的问题是，基层法院庭长层级的审判管理。就审级制而言，基层法院居于我国法院系统金字塔的塔基，不具有主动对下指导的对象和职能。其审判庭的设置，更多的是作为行政单元方便资源调配，当然，在过去的审批制模式下，也有利于类型化案件

① 重庆市高级人民法院课题组：《审判管理制度转型研究》，载《中国法学》2014 年第 4 期。本课题的观点参考了此文的论述，并结合对前文审判管理权主体的论述对各主体之间的关系性质进行了扩展。

的办理和裁判标准的统一。随着主审法官团队制工作模式的实施，审判庭在审判业务上的职能由审判团队和审判管理部门代替，庭长的审判管理职能在相当程度上由主审法官（审判长）取代，庭和庭长的设置已无必要。从长远来看，基层法院应取消审判庭和庭长设置，庭长层面的审判管理应代之以主审法官（审判长）的审判管理。但在当前法律框架下，可以保留审判庭建制，但要虚化庭长的审判管理职能。从实践情况看，深圳福田法院改革中，就采取这一办法，运作良好。深圳前海法院成立伊始，即不设审判庭，不配庭长，直接实行主审法官（审判长）负责制，取得了较好的效果。

4. 审判管理主体之间的层级关系：扁平化

新的审判权独立运行格局必然使得传统层层审批制度下的多层级审判管理模式被改变，庭长的大部分管理权能分散至主审法官（审判长），在案件流程管理上的管理层级得以压缩，形成扁平化的审判管理格局。从管理层面来看，院长、审管办与庭长、审判长的审判管理权力在同时运行，院长、审管办的宏观指挥及枢纽协调权力并不与院、庭长和审判长的微观辅助管理形成上下级关系，院、庭长的微观辅助管理通过彻底剥离行政化的案件审批权限，压缩院、庭长的权能，明确其对于分管部门、团队的流程管理、指导权限，实现扁平化的管理格局。在审判管理的体系中，审判管理办公室作为管理权力的日常执行枢纽，其权能在管理流程规范以及信息化留痕技术的管控下必然彰显，庭长的审判管理权力则被限缩分解到管理链条的多个节点或单元上。总体而言，新的审判管理层级关系应当不具有明显的上下级关系，而是以审管办为核心载体的发散性、触角性的网状管理关系，合议庭与院长、审管办之间的管理关系更为直接、简化，这有利于管理效能的提升。

（三）审判管理权的内容与机制构建

审判管理权的作用对象，是整个审判活动即审判权运行的整体状态。因此其权力运行方式主要体现在审判工作的整体决策和案件常规的流程性的管理上，不处理具体案件的事实认定和程序法、实体法适用问题，不直接影响当事人的诉讼权利和利益，因而主要是一种宏观、综合性的管理权力，其目的是从整体上确保审判权依法独立公正高效行使，《最高人民法院关于加强人民法院审判管理工作的若干意见》的表述，也基本印证了这一点。[①] 课题组认为，审判管理权的主要内容和机制构建可以从以下几个方面着手：

1. 审判资源调配机制

审判管理既然是以管理手段来实现司法公正高效，那么必然要立足实效，把握管理成本与管理效益的关系。取之于现代管理学的审判管理，成本与效益也是不可回避的主题。一方面要研究政务管理、人事管理与审判管理的协调衔接机制，以审判管理为核心，合理配置资源；另一方面要研究审判管理体系的科学化，找到整合审判管理资源的最佳方式。以此，形成最优的资源组合，从而实现审判权运行的公正高效。

2. 审判指挥调度机制

如果说审判资源调配机制属于审判管理内容中相对静态、稳定的权力内容，那么审判指挥调度机制则属于其中相对动态、机动性较为突出的权力内容，它并不属于日常性的权力运行机制，而是根据审判权运行过程中显现的态势变化和整体需求对既有的流程运作进行调整，以促使管理效能达到最优。审判指挥调度机制主要体现在案件分流、审判工作的重大部署和重大审判活动的组织协调等方面，通常这种指挥调度行为建立在对审判运行态势进行分析和研判的基础上，由院长行使决策权，由审管办行使执行权。必须强调的是，指挥调度机制必然也依托于程序的规范性，案件分流的标准、流程都必须以规范行使来体现，重大审判活动的部署协调也应当形成一套相对固定的程序，确保非常态管理事务出现时能够以稳定、有序的调度机制加以协调保障。

3. 审判运行管理机制

这项机制主要包括审判流程监控、审判运行态势分析和运用、全局性审判管理制度的建立和完善等。通过开展流程管理，确保案件在法定

---

① 郭毅敏、丁健、王德军：《论审判权、审判管理权、审判监督权的配置与运行》，载《求法》2014 年第 3 期。

期限内立案、审判和执行。审判流程管理要求人民法院通过管理技术和手段的运用，实现对案件的全流程管理和各个阶段主要节点以及办理期限的监控。通过审判管理机制的引入，确保案件的立案、审判和执行均在法定期限内办理完毕。通过数据分析和调查研究，及时掌握审判资源的供给和分配状况，为领导决策作出分析和参考。审判管理应当对所掌握和收集的审判数据进行分门别类地整理和运算，进行分析与整合，为如何分配审判资源、如何提升司法效率等决策提供数据保障，并在宏观上制定全局性的管理制度和规范，对整体审判工作进行调控。

4. 审判考核评价机制

审判管理通过管案达到管人的目的，在管理方式上，有制约性的管理，也有激励性的管理，要实现对法官的有效管理必须在二者之间找到最佳平衡点。一方面，要研究制约性管理的合理区域，探寻如何在对审判权规制下保证其独立运行。另一方面要研究激励性管理的最佳模式，科学、合理地开展审判质效考评，不断增强法官的责任意识。因此审判质效和绩效指标的设置与考核、根据考核及评查结果实行奖惩等必须形成科学合理的标准和尺度。这方面的审判管理内容首先要符合审判规律。传统模式下的流程化节点控制非常机械，其效果往往集中于个案管理，无法实现司法资源的动态、整体配置。所以应该在标准化考核的同时，注意对案件的类型化、差别化管理，针对各种案件的不同特点，灵活设计审判管理模式，以达到审判管理应有的宏观调控作用，实现大规模地集中化管理。

三、审判监督权配置体系的重构

审判监督权，可以区分为法院内部的监督权和外部的监督权两大类。本文所论述的审判监督权，是指法院内部负有监督职责的机构和人员，依照法律规定审批程序事项，对案件审判活动进行监督、指导、制约，以规范案件审判程序、纠正案件和审判行为差错、从而提高案件审理效率、确保案件裁判公正的权力。这种权力直接涉及案件程序、间接影响实体处理，因此必须强调行权的程序规范性，并实现全程留痕，避免越权扩张，影响到审判权的独立行使。

（一）审判监督权的配置原则

1. 主体集中原则

当前司法实践中，法官面对的监督主体众多，不仅有来自法院外部的人大监督、检察监督、党政监督、舆论监督以及当事人和代理人的监督，还有来自法院内部众多机构的监督，包括纪检组、监察室、立案庭、审监庭、上级法院对口部门等，还有的设立了专门的督导室、案件质量评查组、审判管理办公室，以及院长、副院长、庭长和副庭长、廉政监督员等等。然而多头监督并未能带来科学完善的监督体系，相反却带来较多的弊端，如监督缺位、选择性监督、干预性监督、对立性监督等。因此，重构审判监督权，必须使监督主体相对固定集中，即使是来自法院外部的监督，也应当通过法院内部的监督主体来进行。

2. 内容限定原则

审判监督权的作用对象是具体案件的审判活动，即个案的审判权运行状态。这些职权的行使伴随着具体案件的审判进程，包括对具体案件进行程序性审批、按照程序规定对案件提请审判长联席会议讨论及审委会讨论、对重点案件进行督办等，对具体个案形成事中监督；还包括对案件质量进行评查，对具体个案形成事后监督。审判监督权的运行具有明显的主动特征，这种主动性使其在实际运行中具有扩张性，存在着控制更多领域、事项的内在驱动，即有着踩线、越界影响、干预审判权的倾向。因此，要保障审判独立、促进审判公正，就必须限定审判监督权的权力内容，防止超越监督范围，或以监督之名行干预之实，妨害审判权独立公正行使。

3. 程序规范原则

审判监督权的启动、运行、终结，对于具体案件的处理具有重大影响，必须慎重。一方面，法院内部的审判权监督机制要与来自法院外部的监督机制进行对接，使其通过内部监督程序进行审查，符合法律规定情形的启动内部监督程序进行监督，并按规定向外部监督主体反馈监督结果，避免外部监督直接作用于审判权，影响或干扰审判权的正常运行。另一方面，要规范审判监督权的运行，在审判监督权运行的各个环节制定规范，明确启动的条件、启动的主体、监督的方式、监督的程序、监督的效力、监督的反馈等，既要杜绝监督虚无化，也要防止监督随意化。使审判监督权运行按照规定程序规范行使，避免权力滥用或消极监督。

（二）审判监督权的权力主体

在审判权、审判管理权、审判监督权的“三权”结构构建过程中，确定审判监督权的权力主体，是其中关键环节之一。针对传统审判权运行过程中的弊端，结合本课题对审判监督权的定位分析，按照审判权运行机制改革中简政放权、强化监督制约的要求，课题组认为应当赋予以下主体相应的审判监督权，但由于审判监督权具有主动性、扩张性，要实现审判监督权对于促进审判公正、保障审判独立的作用，而不是演变为干预和干扰，就必须建立以清晰的“权力清单”和“负面清单”模式的职权体系，根据不同的主体，对具体案件程序事项监督权、案件质量评查权、重点案件督办权进行具体细化和区分，明确每一类主体的职权范围，同时明确监督主体不得从事的行为种类，实行全程留痕制度，避免以监督之名越位侵袭审判权的独立行使。

1. 最高监督主体：审判委员会

从“一体两翼”的三权结构来看，审判监督权的内涵与审判委员会的职能高度契合。由于职权必须依托某个组织或个人存在，审判监督权的配置，需要在法院的最高层有组织依托，这个组织就是审判委员会。一方面，日常监督主体对具体案件的审判活动进行监督、指导，其重要方式是提请审判长联席会议讨论后形成咨询参考意见，对于合议庭与联席会议参考意见无法形成一致且有必要通过审判监督继续对个案进行指导的，提请审判委员会讨论后作出决定，审委会决定合议庭应当执行。在此意义上，审委会对于个案监督具有最高层级效力。另一方面，审委会对于案件评查中评定有质量问题的案件进行最终评定、讨论决定审判人员是否承担违法审判责任，而审判责任的认定则是审判监督权行使的最终结果。因此，从审判监督的权力运行过程和后果来看，审委会应当作为行使审判监督权的最高组织，而非一个典型的审判组织。这样配置，可以解决了审委会作为审判组织带来的内在冲突，对院、庭长等日常行使审判监督权的主体，也可以形成制度化的有效制约。

2. 专业监督主体：案件评查委员会

从构建完善的审判监督权力体系的角度出发，有必要在法院最高审判组织审判委员会之下成立专业化的案件评查委员会，由资深优秀法官组成案件评查合议庭，专司案件评查，并作出相对中立的专业性评查意见。案件质量评查委员会向审判委员会负责，受审判委员会监督，主要履行制定完善案件评查制度、拟定案件评查计划、开展案件评查、确定案件质量等次、提出工作改进意见等工作职责。案件质量评查委员会应当配置专门合议庭，采取合议制评查方法对案件进行评查。一是增强中立性、专业性易于被各方所接受。一方面当前法院在处理来自外部，包括上级法院的监督时，通常都直接转由审判庭处理，审判庭再交原承办法官作出书面说明，提交案情报告或处理意见。这一做法难以避免自我监督的嫌疑，其反馈的意见也难于为监督者所认可。另一方面法官需要直接面对的监督主体众多，而监督者通常并非法律专业人士，并且具有选择性监督、先入为主之嫌，容易令法官对监督产生抵触情绪。成立案件评查委员会，评查委员会成员均由资深法官组成，类似于“法官的法官”。相对中立于监督者与被监督者，其评查过程、评查意见更易于被接受。二是增强抗干扰性有利于保护法官正常行使审判权。赋予案件评查委员会案件质量评查权后，其他主体不得径行对案件质量进行监督评查（上级法院按审判监督程序作出的审理意见除外）。同时，在评查意见的作用上，规定在被动启动评查程序的案件中，如果经案件评查委员会评查认定不存在违反法律规定的情形，该评查意见直接作为对来自法院外部监督的反馈意见，并作为内部监督程序终结的依据，保护法官正常行使审判权，独立、公正审判。三是有利于对法官进行专业化监督管理。如果经案件评查委员会评查认定存在违反法律规定的情形，则该评查意见将成为对法官进一步作出追责处理的重要参考。

3. 日常监督主体：院长、副院长、庭长、主审法官（审判长）

院、庭长和主审法官（审判长）的职权问题，是“三权”运行机制中需要权衡的复杂问题。院、庭长对个案行使案中监督权，是成文法特点和实际的需要，根据当前司法审判现实的需要，不能一讲“放权”就完全否定院、庭长的个案监督权。院长、副院长、庭长并非仅仅是行政职务，而且是法律职务，相关法律也规定了院长有权决定对案件提交审判委员会讨论，这是对院长行使个案监督权的法律授权。那么院长也可以再授权给副院长、庭长，如此副院长、庭长正确行使个案监督权也就有了法律依据。审判长行使监督权将简易程序案件转为普通程序也符合法律规定。课题组认为，对日常监督主体的审判监督权力属性进行明确界定十分必要：一是区别于审判管理权，其是通过“点”的方式，对个案进行必要的案中监督，监督和制约审判权依法运行；二是其具有程序性控制性，院庭长和审判长行使案中监督权，并非可以让法官、合议庭服从自己，只能从根据权力清单的职权范围行使法律规定的程序审批职能，另外从程序上发现问题、提出自己的意见、建议复议或逐级报核直至提交审判委员会讨论，这是一个逐步统一裁判标准和尺度的过程，同时也是提交审判委员会讨论案件的逐级过滤机制。因此，对日常监督主体的审判监督权限，特别是他们在事中监督过程中对个案的监督权限，一定要以权力配置清单的形式加以明确。

（三）审判监督权配置的内容和机制构建

1. 个案参考指导机制

应该说，将裁判权力放权给法官与合议庭并非难事，但是如何确保放权之后独任法官与合议庭独立办案形成裁判标准的统一，才是审判权运行的难点，这个问题如果不能妥善解决，将会对审判权运行机制构建所追求的司法公正和公信权威造成适得其反的伤害。通过审委会，院、庭长及主审法官（审判长）的审判监督职能，裁判标准才能够有效运用于具体案件的审理中，在个案中实际发挥裁判标准的统一规范作用，从而由审判监督机制代替院、庭长案件审批制所具有的统一裁判标准的功能，又避免对独任法官和合议庭独立办案的干预。根据前文对于审判权配置中合议机制和裁判文书签署机制的论述，审委会和院、庭长不能对案件的具体审理进行干预，但是为了保证案件审理质量和标准的统一，防止裁判主体在单个案件中产生的认识偏差，可以通过院、庭长提请审判长（主审法官）联席会议、专业法官会议业务交流、裁判咨询等组织化的方式，介入参考性意见，从而实现裁判指导功能。这些参考性意见虽然对个案并无直接拘束力，但在裁判思路、裁判尺度以及案件整体效果等方面的把握上仍会产生积极的影响，进而发挥个案参考指导机制在规范自由裁量权和统一裁判标准方面的作用。

2. 案件督办机制

案件督办是指根据相关案件监督案件的规定，对相关案件的办案程序、办案效率、办案进度、实体处理按照规定的流程进行监督和催办。案件督办主要体现在具体案件的事中监督，这种监督并不具有普遍性，而是根据授予给监督主体的权限，对一定范围的案件程序性事项进行督促和催办。督办程序的发起，往往是审判管理的流程或外部监督中发现了不符合程序和流程规范的具体案件，这类案件产生了裁判不当、效率低下的可能性，因此需要通过督办程序对其进行督促。它的目的旨在通过掌握案件进度、催促案件办理、监督案件流程和实体处理，督促法官依照法律规定公正高效办理案件。

3. 案件评查机制

案件评查是法院内部监督的重要环节，是对案件流程、审判程序、实体处理、文书质量、卷宗装订等情况综合检验，属事后监督。这项机制具有以下功能：一是预防案件的差错，而且能在发现重大差错后，通过提起再审进行补救。二是强化统一裁判尺度的规范功能和总结审判经验的功能，侧重于总结审判经验，提炼审判技巧，从而间接对具体案件的审理提供指导与规范。三是提供责任认定依据，对案件审判是否存在质量问题、存在何种类型的质量问题、何种主体应对质量问题承担责任、承担何种类型、层次的责任进行评判，为司法责任承担提供基础。

四、司法责任制的完善

司法责任制是审判权运行机制改革的关键环节，它解决的是权力运行“权责统一”的问题。“完善人民法院的司法责任制，必须以严格的审判责任制为核心，以科学的审判权力运行机制为前提，以明晰的审判组织权限和审判人员职责为基础，以有效的审判管理和监督制度为保障，让审理者裁判、由裁判者负责，确保人民法院依法独立公正行使审判权。”① 审判权运行机制改革是一个综合性改革，在本课题中研究的司法责任制，是狭义的责任制，是在权力运行机制得以构建的基础上，对责任追究和承担制度进行的研究。课题组认为，完善司法责任制应当在审判权力科学配置的基础上，明晰各类权力主体的权力与责任，按照权责统一原则，以构建完整的责任体系为核心，以健全责任评价和追究机制为关键，以多元责任承担形式为落脚点，坚持预防与追责相结合，努力推动建设符合司法规律要求、契合法院工作特点的办案责任、审判管理责任和审判监督责任体系。

（一）司法责任制的原则

1. 预防与追责相结合原则

追责是手段，预防是目的。完善司法责任制，要坚持预防与追责相结合、重在预防的指导思想。一方面，要以正面要求的形式，明确法官公正办案，院、庭长及相关司法辅助人员正当履行审判管理、审判监督职责的义务。建立健全岗位职责、工作规则等具体制度，明确主审法官、合议庭、审判委员会以及院、庭长等审判权行使主体以及相关司法辅助人员在办案、管理和监督过程中的责任要求和程序标准，引导其正确履行职责。另一方面，通过发现问题、追究责任，惩戒少数违法违纪的法官，院、庭长以及司法辅助人员，警示大多数审判权运行主体慎重对待手中司法权力，加强自我约束；同时也有利于审判权运行主体总结经验教训，总结司法规律，对可能出现的同类问题做到防患于未然。

2. 实事求是客观公正原则

一方面，司法责任制要实事求是直面问题，责任追究范围不仅应当

---

① 详见中央全面深化改革领导小组第十五次会议关于“完善法院、检察院司法责任制”的要求部署。

涵盖案件实体结果、办案程序，还涉及审判行为、审判管理行为以及审判监督行为等多方面，追责情形应当包括案件质量问题、办案效率问题、违法审判问题等。另一方面，司法责任制要坚持客观公正，过错与责任相适应。要根据导致责任的过错环节、过错类别和过错大小等，建立公正、权威的责任评价机制，科学界定责任主体和责任大小，严格区分责任类别，建立过错与责任相适应的多元化责任承担形式，依法依规、实事求是地追究责任，增强责任追究的科学性、公正性。

3. 依法审查依程序确认原则

《法官法》明确规定，法官“非因法定事由、非经法定程序，不被免职、降职、辞退或者处分”。十八届四中全会以及最高人民法院《关于全面深化人民法院改革的意见》也明确提出要建立健全司法人员履行法定职责保护机制，对《法官法》的上述规定作了进一步强调。因此，必须准确把握责任追究的界限，依程序评价司法责任的类别、责任主体、责任大小，依法追究责任，从制度上保护、激励审判权运行各类主体依法办案、依法履行管理监督职责。

（二）司法责任的主体

审判执行活动的流程化，使司法责任的产生和形成往往涉及多个环节、多个岗位人员。为了避免责任追究流于形式，存在与职责不对应的真空地带，应当改变以往只对承办案件的法官追责的做法，将司法责任主体扩展到审判权运行全过程，对各类主体进行全面追责。从主体类型划分，司法责任应当包括法官责任、集中管理监督责任、司法辅助人员的责任。法官责任通常对应的是法官审理案件行使裁判权的行为，其实质是一种办案责任；集中管理监督责任对应的则是审判管理和审判监督行为，其实质是审判管理责任和审判监督责任；司法辅助人员责任则通常根据岗位、工作职责的不同，分布在办案责任、审判管理和审判监督责任之中。所以，司法责任不仅仅包括各类审判权主体的审判（办案）责任，还包括审判管理权和审判监督权主体的管理责任和监督责任。在这里，应当要注意明确办案责任与司法责任的关系：办案责任主要是指法官、合议庭、审委会在行使审判权过程中须承担的责任，而司法责任还应包括各类管理主体、监督主体不作为或滥用权力应承担的责任。

课题组认为，司法责任的主体应当根据“一体两翼”的权力结构理论基础划分为审判责任主体、审判管理责任主体和审判监督责任主体。具体而言，司法责任主体包括审理案件的承办法官、审判长、合议庭其他成员以及对案件负有管理、监督职责的庭长、审委会委员、副院长、院长，还包括协助案件审判、审判管理以及审判监督的司法辅助人员。

审判责任主体	审理具体案件的法官、主审法官（审判长）、合议庭成员、司法辅助人员
审判管理责任主体	负有审判管理职责的院长、副院长、庭长、主审法官（审判长）以及审判管理部门工作人员（包括法官和司法辅助人员）
审判监督责任主体	负有审判监督职责的院长、副院长、庭长、主审法官（审判长）以及审判监督部门工作人员（包括法官和司法辅助人员）

（三）司法责任的类型及表现形态

1. 审判责任（即办案责任）

合议庭、法官、司法辅助人员等人员在案件审判执行过程中，违反法律、法官职业道德、本院相关规章制度导致裁判出现瑕疵或错误，或未完成规定的相关基本办案绩效等义务，所应承担的办案绩效责任、审判瑕疵责任和违法审判责任。

2. 审判管理责任

对案件审判具有管理职责的主审法官（审判长）、庭长、审委会委员、副院长、院长以及协助上述人员履行审判管理职责的司法辅助人员因故意或重大过失，怠于行使或者不当行使审判管理权导致裁判出现错误或未达到规定的审判管理绩效指标应当承担的责任。

3. 审判监督责任

对案件审判具有监督职责的主审法官（审判长）、庭长、审委会委员、副院长、院长以及协助上述人员履行审判监督的司法辅助人员因故意或重大过失，怠于行使或者不当行使审判监督权导致裁判出现错误或不良影响未达到规定的审判监督工作指标要求应当承担的责任。

在上述责任类型中，引起审判管理责任和审判监督责任主要是有两种表现形式：

一是管理、监督职责的不作为不履行。例如审判管理人员因故意或重大过失对超审限案件未按规定进行及时提醒、通报，最终案件出现超审限问题，除负责案件审理的法官及合议庭成员、相关司法辅助人员承担直接的办案责任外，审判管理人员应当承担审判管理责任；又例如庭长等审判监督主体在进行案件评查或案件督办时明知案件出现裁判标准不统一可能引起不良后果，未行使相应监督职责提请召开联席会议或提请审判委员会讨论，造成案件质量问题或不良社会影响，则应当追究相应审判监督主体的审判监督责任。对于上述审判管理和审判监督责任，责任追究机构应根据其怠于履行职责引发的后果严重程度，对其采取批评教育、内部通报、降级、撤职等责任追究方式。

二是在行使管理、监督职权过程中越权或过问、干预案件审判，造成不良影响或裁判结果出现瑕疵错误的。例如未经批准对本院正在审理的案件公开发表评论，利用流程管理权限泄露审判秘密，强令合议庭接受审判长联席会议、专业法官会议的有关意见或其他关于个案处理的意见，直接否定、擅自变更或变相干预合议庭对案件的评议结论，擅自过问或变相干预正在审理的案件，违反规定对未参加合议庭审理的案件的裁判文书进行签发。对此类行为，责任追究机构应当根据相应后果程度对其进行责任追究，责任承担方式如前一点所述。

从引起审判管理和审判监督责任的行为后果来看，一种是对具体案件裁判产生了不良影响，另一种则是在管理质效方面产生了不良影响。课题组认为，审判管理权和审判监督权为审判权这一核心权力提供服务和保障，其不当行使产生的责任也必然以审判责任为依托，因此在责任层次、追责程序以及责任追究方式上具有一致性。建立完整的司法责任制，其实质是根据“三权”职权特征，构建一整套责任主体全面化、责任层次阶梯化、追究程序规范化、责任承担形式多元化的责任运行体系。

(四) 司法责任体系的层次

相较于传统的办案责任，“一体两翼”权力结构理论下的司法责任体系更为丰富和多元，办案责任作为司法责任的重点内容，其责任体系的层次也呈现出梯级化的趋势。传统的办案责任追究通常包括错案责任追究和违法审判责任追究两类，其中以违法审判责任追究为主。但是对社会和群众反映最多的法官职业道德、诉讼程序、事实认定、法律适用、审判执行行为及文书制作等司法伦理、审判瑕疵和办案绩效方面的问题，由于达不到纪律和行政处分程度，往往难以体现追责结果，责任追究在一定程度上面临社会认同的问题，影响了司法权威和司法公信。课题组认为，不妨考虑建立广义的责任范畴，将司法伦理、司法绩效、审判瑕疵、违法审判等方面存在的问题一并纳入追责范围，区分司法伦理责任、审判绩效责任、审判瑕疵责任和违法审判责任四大类，构建全方位、多元化的责任体系。

1. 司法伦理责任

司法伦理责任，是指未能正当履行司法职务的职业伦理要求所应承担的责任。具体是以特定的某一方面法官职业伦理要求为评价对象，包括道德操守有违职业要求、言行不当有损职业形象。

审判主体的公正办案义务和正当履职义务不仅仅体现在根据法律规定依法办案、正常履行审判管理、审判监督职责，还体现在权力主体对个人道德和职业伦理的严格修养中。司法伦理责任的承担并非由于审判主体司法能力不足或违法行为而造成案件结果出现瑕疵或违法，而是因为职业伦理的较高要求未被审慎遵行，从而造成司法公信和评价方面的不良影响。例如个人人际关系、社会活动不符合职业回避要求，个人过问他人承办案件但未造成实际影响，言行不当与当事人、社会公众产生冲突，而这些有违司法伦理要求的行为，无论是法官在案件审判过程中，还是在审判管理和审判监督的环节中，都有可能存在。

2. 司法绩效责任

司法绩效责任，是指未达到绩效考核办法规定的相应指标所应承担的责任，具体包括办案任务、办案质量、办案效率、办案效果、司法公开以及其他审判管理、审判监督工作绩效指标未达标等，根据责任主体和绩效考核内容、指标的不同，可以分为办案绩效责任、审判管理绩效责任、审判监督绩效责任。绩效考核是绩效管理的重要环节，一方面，绩效考核必不可少，否则就陷入“干多干少一个样”的“大锅饭”局面，尤其是出现审判管理和审判监督不作为、消极履职的状况。另一方面，科学的绩效考核制度可以助推审判科学发展，而不合理的绩效考核制度不仅不能起到推动作用，相反还可能造成审判工作的阻滞甚至有碍影响司法公正。近些年来，一些法院确实有一些绩效考核指标违背司法规律，缺乏科学性和合理性，不利于从根本上提高审判质效。但同时也要看到，审判绩效考核制度是法官业绩评价的基础性工作，在准确分析审判运行态势、提高办案质效等方面发挥着积极作用，是审判管理的必要手段。审判绩效考核制度不是存废的问题，而是需要改革考评机制，取消违反司法规律的考评指标，科学评估审判工作量和审判工作质效。

3. 审判瑕疵责任

审判瑕疵责任，是指在诉讼程序、事实认定、法律适用、审判执行行为及文书制作、审判管理流程、审判监督等方面存在不当或其他问题所应承担的责任。审判行为的不当、审判管理和审判监督的消极不作为或者越权过问干预导致了审判瑕疵的产生，但这种审判瑕疵不影响裁判结果的正确性，不属于法律规定启动审判监督程序的条件，也不影响执行结果的正确性。正因为如此，在以往的办案责任追究制度下，对这一当事人投诉最多、反映最为普遍的责任类别，由于达不到纪律和行政处分程度，难以体现追责结果，往往引起社会和群众非议。因此，将审判瑕疵责任纳入追责范围十分必要。

审判瑕疵责任可分为审判行为瑕疵责任、案件质量瑕疵责任、文书制作瑕疵责任等三类。通常而言，审判管理和审判监督造成的瑕疵行为集中于审判行为瑕疵责任中，而审判权行使的责任则较为宽泛地涉及审判行为、案件质量和文书制作瑕疵方面。当然，符合审判瑕疵认定条件的其他情形的，也应认定为审判瑕疵；采取补正措施予以补正，未造成不良后果的，可以免除审判瑕疵责任。

4. 违法审判责任

违法审判责任，是指在审判执行活动中，故意违反法定程序、证据规则或者实体法明确规定（这里包括通过审判或监督手段干预审判行为、怠于履行法律规定的审判管理和监督职能），或者因过失造成严重后果所应承担的责任。最高人民法院早在1998年9月颁布的《人民法院审判人员违法审判责任追究办法（试行）》中即规定了违法审判责任，随后相继出台的《人民法院审判纪律处分办法（试行）》《人民法院执行工作纪律处分办法（试行）》[①] 等规范性文件对违法审判责任追究制度作了进一步完善。上述文件主要从办案程序和执行方面对责任追究范围进行界定，对实体裁判结果追究范围只作了原则性规定，并要求法官主观上有违法的故意或重大过失。在上述文件规定的基础上，结合审判实际，课题组认为，可以将违法审判责任分为故意违法审判责任和过失违法审判责任。

（1）故意违法审判责任。故意违法审判责任主要考量行为是否严重违法，行为违法即要追责，导致错案结果是加重处罚情节。

（2）过失违法审判责任。过失违法审判责任主要考量过失行为是否导致严重后果。过失行为主要包括，因重大过失遗漏主要证据、重要情节，因重大过失损毁或者丢失证据材料等。“严重后果”主要包括：导致错案；侵犯当事人人身权利或财产权利，受害人申请国家赔偿；社会影响恶劣，严重损害法院或法官形象等。

（3）违法审判责任的免责情形。最高人民法院《人民法院审判人员违法审判责任追究办法（试行）》规定了违法审判责任的五种免责情形，最高人民法院2010年颁布的《关于进一步加强合议庭职责的若干规定》将免责情形增加到六项。对上述规定进行梳理，课题组认为，存在下列六种情形的，法官不承担违法审判责任：①因对法律、法规、司法解释理解和认识上的偏差而导致裁判错误的；②因对案件事实、证据认识上的偏差而导致裁判错误的；③因出现新证据导致案件被改判或者发回重审的；④因法律修订或者政策调整而导致案件被改判或者发回重

① 两办法已于2010年1月26日被《人民法院工作人员处分条例》废止。

审的；⑤因裁判所依据的其他法律文书被撤销或者变更而导致案件被改判或者发回重审的；⑥法官依法履职不应当承担责任的其他情形。需要说明的是，第①、②项情形中的“偏差”，虽然无须承担违法审判责任，但也在一定程度上反映了法官的司法能力，应当纳入审判绩效的考核范畴。当然，理解和认识上的“偏差”并不能直接说明法官司法能力水平低，仍需要进一步甄别和评价后，确定是否需要承担审判绩效责任。

违法审判责任的情况较为复杂，在确定责任主次时，要根据案件流程，综合考虑职责要求、对错误产生的影响大小，分别确定主次责任主体，具体可用以下图表进行较为明确的划分：

<table>
<tr><th>责任范围</th><th>行为表现</th><th>责任主体</th><th>责任主次</th></tr>
<tr><td>独任审判的案件</td><td>违法审判导致案件结论错误</td><td>独任法官</td><td>全部责任</td></tr>
<tr><td rowspan="4">合议庭审理案件</td><td>案件承办法官未如实汇报案情，故意隐瞒、遗漏主要证据或重要情节，导致审委会或合议庭做出错误评议结论、讨论决定</td><td>案件承办法官</td><td>全部责任</td></tr>
<tr><td rowspan="3">违法审判导致合议形成错误意见的</td><td>持错误意见的承办法官、审判长</td><td>主要责任</td></tr>
<tr><td>其他持错误意见的合议庭成员</td><td>次要责任</td></tr>
<tr><td>持正确意见的合议庭成员</td><td>不承担责任</td></tr>
<tr><td rowspan="3">审判委员会讨论案件</td><td rowspan="2">委员故意违反法律规定或者歪曲事实、曲解法律，导致法律适用错误</td><td>导致错误决定的委员</td><td>主要责任</td></tr>
<tr><td>其他发表错误意见的委员</td><td>相应责任</td></tr>
<tr><td>案件讨论中违反民主集中制原则，导致审判委员会决定错误的</td><td>审委会主持人</td><td>主要责任</td></tr>
</table>

续表

<table>
<tr><td rowspan="3">对案件审判进行管理和监督</td><td rowspan="2">院、庭长利用管理、监督职权，违反法律规定干预独任法官、合议庭审理案件造成案件决定错误的</td><td>院、庭长</td><td rowspan="2">共同承担主要责任</td></tr>
<tr><td>持错误意见的合议庭成员或独任法官</td></tr>
<tr><td>不履行或者不正确履行审判监督、管理职责，对独任法官或者合议庭的错误不按法定程序纠正，导致裁判错误的</td><td>具有监督、管理责任的院、庭长，审判长</td><td>相应责任</td></tr>
</table>

（五）规范化的责任追究程序

完善责任体系、明确责任主体只是解决了司法责任制的前提和基础，对责任主体应该承担何种责任，必须要有科学的责任评价机制和完善的追责程序，这是司法责任制改革的关键。

1. 健全评价机制

过去的办案责任追究，主要依赖当事人投诉举报后，由纪检监察部门受理调查。由此导致，一方面问题发现难，无投诉举报则往往无调查处理；另一方面，责任认定难，办案责任的认定涉及案件实体和程序问题，专业性极强，是否存在错误、错误程度如何，由纪检监察部门进行认定权威性不足。为解决这些问题，应当组建专业化的案件评查机构，对相关案件进行全面评查，作出评价结论，为相关责任追究部门就责任认定和处理提供独立、公正、权威的意见，增强责任判定的科学性、专业性，在权力与责任、责任与责任追究之间架起桥梁，为责任倒查奠定基础。

课题组认为，可考虑成立专业的司法评鉴委员会，并在司法评荐委员会下分设伦理评查委员会（由政工部门和纪检监察部门履行职能）、绩效评查委员会（由审判管理部门履行职能）、案件质量评查委员会（因其须对案件审理进行专业评判认定，故应由专门人员组成专门机构履行职能），分别就可能产生的司法伦理责任、司法绩效责任以及涉及办案质量的审判瑕疵、违法责任进行评价，使这些专业机构成为司法评价与司法责任之间的桥梁，考评委员会分设的专业评价机构通过对相应责任主体履职行为和相应后果进行评价，形成权威、中立评查结论，进而运用于责任认定中。

2. 规范追责程序

严格、规范的责任追究程序应当包括线索发现、立案登记、责任评价、追责处理等内容。相应的流程可以参见下表：

<table>
<tr><th>责任线索类型</th><th colspan="2">追责发起主体</th><th>评价机构</th><th>处理方式</th><th>辩解程序</th></tr>
<tr><td>司法伦理责任</td><td colspan="2">政工部门、纪检监察部门</td><td>司法伦理评查委员会（由政工部门和纪检监察部门履行职能）、案件质量评查委员会</td><td>查实后按纪律教育、内部通报、诫勉谈话等方式处理追责</td><td rowspan="5">责任追究过程中应听取责任人陈述和辩解，保证责任追究客观公正、实事求是</td></tr>
<tr><td>司法绩效责任</td><td colspan="2">绩效管理部门</td><td>司法绩效评查委员会（由审判管理部门履行职能）</td><td>根据审判绩效考核办法进行评价和追责，纳入绩效考核扣分范围</td></tr>
<tr><td rowspan="3">审判瑕疵责任和违法审判责任</td><td>投诉、信访及有关机关转交的违法审判责任案件线索</td><td>纪检监察部门</td><td rowspan="3">案件质量评查委员会</td><td rowspan="3">对审判瑕疵行为、违法审判行为和后果经规定程序进行查实后，认为应当追究责任的移交审判委员会确定责任，并由惩戒委员会提出处理建议</td></tr>
<tr><td>可能存在审判瑕疵、违法审判或错案责任</td><td>案件质量评查委员会</td></tr>
<tr><td>履行监督、管理职责时，发现存在司法责任情形</td><td>具有监督管理职责的院庭长、审判长</td></tr>
</table>

（六）多元化的责任承担形式

完善与责任类别相适应、多元化的责任承担形式，实现评价机制、问责机制、惩戒机制、退出机制与保障机制的有效衔接，是司法责任制落到实处的重要保障。

1. 完善多元化的责任承担形式

传统的法官责任承担形式比较单一，即调离、辞退或免职、降级等处分，在全方位、多元化的责任体系下，对责任主体或难以追责，或追责过重。课题组认为，基于不同责任类别对案件裁判后果不同、社会影响不同、情节轻重不同，应当分别采取否定性评价、惩戒性处罚和移送司法处理等多元化的责任承担形式。

责任承担形式	责任层次	责任承担形式具体表象
否定性评价	司法伦理责任	年度考核中扣分、批评教育、责令整改、诫勉谈话、取消年度评先评优资格
	司法绩效责任	
	审判瑕疵责任	
惩戒性处罚	司法瑕疵责任	责任人不得晋升工资薪级、职务等级，或降低工资薪级、法官等级、免除领导职务以及警告、记过、记大过、降级、撤职、开除等纪律处分
	违法审判责任	
移送司法处理	违法审判责任	责任人涉嫌犯罪的，移送有关司法部门追究刑事责任

2. 建立司法惩戒制度

为确保对法官重大责任的追究公开、公正、专业、权威，应当成立由法院、人大、组织部门等单位代表和律师代表组成的法官惩戒委员会，对法官重大责任的追究由内部处理转变为外部公开，既确保法官的违纪违法行为及时得到应有惩戒，又保障其辩解、举证、申请复议和申诉的权利。

3. 落实法官办案质量终身负责制

发现责任问题的时间节点有远有近，有的法官依然在岗，有的法官已辞职、调离或退休，为将责任落到实处，避免出现责任虚化、逃避责任的现象，对其中应当继续追责的，应当采取以下方式：应予追究违法审判责任的责任人已调其他单位的，应将其承担违法审判责任情况向该责任人所在单位通报；应予追究违法审判责任的责任人已退休的，根据其承担责任应给予降级、撤职、开除处分的，按照规定建议组织人事部门相应降低或者取消其享受的待遇。

五、审判权运行保障机制的重构

通过对审判职权进行科学配置、对司法责任的约束机制进行合理构建，形成了权责统一，但仅仅有“权”有“责”而无“利”的权力运行机制不具有完整性和长效性。长期以来，法官地位和待遇普遍偏低，工作任务重，办案压力大。在法官职业保障和履职保护机制尚不到位的情况下，单纯强调独立裁判和司法责任制，导致事实上的权、责、利不对等，可能会在一定程度上挫伤法官群体的积极性，危害审判权的健康科学运行。因此，如何在明确审判权力行使范围、严格落实司法责任制的同时又能充分调动法官群体独立公正行使审判权、适度履行审判管理和审判监督职责的积极性，是必须面对的一个重要问题。

课题组认为，审判权运行保障机制的构建，首先要解决审判权主体身份和职业待遇的“去行政化”问题。在传统的审判权运行模式之下，法官与普通公务员基本上不存在区别，法官职业发展通道单一并且具有较强的行政化色彩，一线法官谋求职业发展基本依仗于行政级别的提升尤其是行政领导的提拔任用，而行政领导职数的有限性使得法官职业晋升途径狭窄，“职场天花板”现象在法官队伍中普遍存在。法官身份对于行政级别管理体制的强烈依附也正是造成审判权运行行政化的重要原因。此外，鉴于裁判权力的重要性、裁判权力对行使主体的严格要求，以及权力行使主体所需承担的责任，法官除了应当获得与之相适应的职业权力保障之外，还必须获得与其权力和责任相当的职业待遇保障，才能确保法官真正独立行使其权力，承担加诸其身的重大责任。

但是，目前，我国法院管理体制中独立的法官薪酬体系缺失，法官的专业技能及其社会角色无法在行政化的薪酬待遇体系中得到体现。因此，在审判权运行机制改革过程中，以审判权为中心的“一体两翼”权力配置结构，必然要求作为审判权主体的法官实现身份的独立，确保其行使权力行为的独立性。实现法官身份的“去行政化”，应当将法官从普通公务员队伍中独立出来，通过法院工作人员分类管理来实现法官的单序列管理，从而突出法官作为裁判主体在法院整体工作中的突出地位。而实现法官的身份独立必须建立区别于普通公务员的职业待遇体系，并以此作为依托，确保法官薪酬与其职业、责任和地位相匹配，尽可能保障法官薪酬足以使法官在履职过程中抵制可能影响公正裁判的利益引诱。党的十八届四中全会后，中央已就法院人员分类管理和职业保障改革作出重要部署，相关改革已经启动并推进，审判权运行主体身份和待遇保障机制正在逐步落实中。在此基础上，课题组认为审判权运行的保障机制还应当包括以下方面的内容。

（一）依法履职保护机制：审判权科学健康运行的基础保障

审判权运行保障机制与法官的职业保障机制是一个问题的两个方面，而法官职业保障最终要落实到保障法官依法履行职权上。要确保法官依法履行职权，保障法官的职业权力，必须构建相应的制度使法官免于因正当行使职业权力而使自身陷于危险境地，形成法官依法履职保护机制。

课题组认为，法官依法履行职责保护机制包括以下几个方面：一是建立依法履职不受责任追究机制。法官一经任用，非因法定事由，非经法定程序，不得被免职、降级、辞退。法官任期由《法官法》明确规定，确立法官任期至其法定退休年龄为止，除因严重违纪、刑事犯罪等不能继续履行职责的法定事项，法官应当任职至退休。除因受到刑事或纪律处分、或因司法系统组织结构变动，未经法官同意不得将其委派或调任至其他机关。法官履行法定职责，非因故意或重大过失，非因法定事由，不承担任何法律责任，不被追究纪律和行政责任。除具有主观恶意的情形外，法官不因其在个案审理中的法律适用、事实认定和证据采信承担刑事责任。除具有主观恶意或重大过失的情形外，法官不因其在个案审理中的法律适用、事实认定和证据采信而承担民事责任。案件当事人不得以法官为被告针对其裁判行为提起民事侵权诉讼。除违法审判或违反司法伦理的情形外，法官不因其案件裁判被改判或发回重审、引起信访、导致国家赔偿等实际后果承担个人责任。在不履行司法职责的情况下，法官与其他公民一样受到民法、刑法和行政法律的约束，不得享受任何豁免。

二是建立法官职业安全保护机制。完善法官的人身安全保护机制，对于干扰审判或对法官有打击报复的行为，及时加以制止和处罚；对于法官人身安全受到重大威胁的，及时采取保护措施。可以考虑建立法官职业安全保障基金。法官因职务行为受到人身侵害造成伤残或死亡的，应及时提供资金援助，同时协助提出相关民事损害赔偿。建立法官人身意外伤害保险制度。为法官统一购买人身意外伤害保险和附加意外伤害住院津贴保险，加强对法官受到意外伤害的保障。加强对法官人格尊严的保护。法官因职务行为受到诬陷、诬告或不实举报使其名誉权受侵害并产生损害后果的，依法严肃追究侵权人的法律责任，同时为被侵权法官消除不良影响。

三是建立完善法官申诉控告机制。对于违反法官责任豁免制度导致法官合法权益因其依法履职受到侵害的情形，提供合理的救济机制及渠道，对于不实或错误的控告及责任追究，不仅要给予法官的相应司法救济，还应当建立相应的澄清机制，及时、全面向社会澄清。在国家、省、市一级分别设立由法官代表和社会有关人员参与的法官惩戒委员会①，制定公开、公正的法官惩戒程序，既确保法官的违纪违法行为及时得到应有的惩戒，又保障其辩解、举证、申请复议和申诉的权利。

① 目前，中央已经明确在省一级成立法官惩戒委员会，但为了实现法官评价与法官责任追究的有效衔接，课题组认为应当在市一级也成立相应的法官惩戒委员会，从而确保责任追究更规范、更客观。

（二）排除非法干预机制：审判权科学健康运行的外在保障

非法干预司法的实质是对司法公正以及审判独立的侵害。如果不能切实有效地排除非法干预，法院就无法真正依照法律和事实作出中立公正的裁判，法官的职业权力将在事实上被架空，审判权也就无法实现其作为判断权和裁决权的本质。

课题组认为，解决这一问题，要从以下几个方面着手：一是建立非法干预司法的甄别认定机制。通过明晰不当干预的内涵及外延，明确“干预审判执行活动、插手具体案件处理”的内涵和外延，细化不当干预司法的表现形式，增强制度的可操作性。二是建立审判组织应对非法干预的操作指引。明确审判组织记录干预司法信息的形式和程序，使抵制并记录行为真正成为法官履行法定职责的一部分，通过具体的程序和形式要求将记录和向有关部门反映非法干预行为规范为法官正常履职行为，去除其随意性，确保法官不因规范、符合程序的记录和情况反映行为受到任何司法追究或纪律惩戒。三是确立认定非法干预行为的权威性。多数情况下，领导干部和内部工作人员干预司法活动难以直接留痕，也鲜有证据佐证，审判组织和法官对非法干预活动的抵制和反映，可能会面临“不真实”“伪造”等指控，甚至还会被招致“诽谤”或“污蔑”之嫌。因此，应当强化法官的职业权力，给予法官更多的信任和尊荣，除非有足够的反证，应当推定法官经过规范程序和形式进行的记录和情况反映的真实性，并直接可以作为后续通报和责任追究的基础。四是建立非法干预的信息隔离（防火墙）机制。通过设置归口登记部门，解决外部领导干部通过法院领导干部干预司法活动的问题。外部领导干预司法的信息止于法院内部领导，不再向具体的审判组织传达，同时设置归口登记部门，统一对此种情形进行记录，既能防止外部干预信息影响审判，又能起到保护法院领导干部的作用。五是建立非法干预的追责机制。依靠党委形成改革合力，解决非法干预行为的通报和责任追究问题。通过纪委、组织部门、监察部门完善落实后续的通报和责任追究机制，与法院内部的记录机制形成有机对接，根据非法干预行为情节、行为后果以及社会影响等，确定非法干预行为人的责任承担形式。

（三）职业激励机制：审判权科学健康运行的持续保障

在完成裁判主体薪酬保障的基础上，必须形成有效的激励机制，体现为工作绩效的差别，才能有效促进公正裁判和科学管理。前文中课题组提到的独立的职业待遇是以等级为依据确定薪酬福利待遇，仅仅是对法官职业群体在整体上实现了物质保障，但是，无级差的普惠制度在另一方面可能会产生干多干少、干快干慢一个样的情况，在工作导向上对审判权科学健康运行产生负面影响。特别是对作为优秀法官代表的主审法官（审判长），其在合议庭中履行着程序主导和质量把关的职责，是合议庭团队制审判工作模式的领头人、责任人，在待遇上与普通法官没有任何区别，难以产生激励效应。可以看到，如果在法官单独职务序列实施后，符合条件的法官在职数范围内晋升等级，主要以年资为依据，虽然在一定程度上打通了法官职业发展通道，但对优秀法官而言却缺少了率先发展进步的机会与空间。这个问题在审判辅助人员的单序列管理中也同样存在。

课题组认为，与绩效挂钩的职业激励机制是审判权得以高效运行、持续健康发展必须建立的保障机制，可以通过建立审判津贴制度促进审判一线法官的职业待遇得到进一步的保障。审判津贴的发放向审判执行一线岗位以及工作复杂、业务量大的职位倾斜，根据工作职位的区别分别确定特区审判津贴的发放标准。具体发放数额以基本津贴加绩效津贴的浮动模式确定，其中基本津贴依据职位确定，绩效津贴依据考核结果确定。

第六章　实践之彰

——深圳法院审判权运行机制改革的样本校验

深圳法院作为最高人民法院2013年确定的第一批审判权运行机制改革法院，率先提出了审判权、审判管理权和审判监督权"三权"划分的权力结构理论，并在改革试点方案设计和规划中加以体现。在审判权运行机制改革试点进程中，最高人民法院四五改革纲要明确提出"建立中国特色社会主义审判权力运行体系，必须严格遵循司法规律，完善以审判权为核心、以审判监督权和审判管理权为保障的审判权力运行机制，落实审判责任制，做到让审理者裁判，由裁判者负责。到2015年底，健全完善权责明晰、权责统一、监督有序、配套齐全的审判权力运行机制"①，对深圳法院提出的三权理论给予了确认和肯定。三权结构理论在深圳地区法院的改革试点工作中得以全面运用，逐步确立了一整套比较符合司法规律和地方法院实际情况的审判权运行机制，其代表性的改革举措和改革中形成的经验性总结，或许可以为全国法院探索构建科学的审判权运行机制提供一个较有价值的样本。

一、深圳法院改革的基本思路和改革举措

深圳法院审判权运行机制改革的基本思路是：着眼完善中国特色社会主义审判权力运行体系，遵循司法规律，健全完善以审判权为核心、

---

① 详见《最高人民法院关于全面深化人民法院改革的意见——人民法院第四个五年改革纲要（2014－2018）》。

以审判管理权和审判监督权为保障，权责明晰、权责统一、管理有序、监督留痕的审判权力运行机制，切实做到让审理者裁判、由裁判者负责。改革目标：一是“确权”。科学合理确定各类审判组织的职权范围和各类监督管理主体的职权范围。二是“明责”。使责任明晰化、具体化，严格落实办案责任和监督管理责任，谁用权谁负责。三是“规范”。强化权力运行的组织色彩，避免个体随意性，建立节点明晰、全程留痕、有据可查、公开透明的权力流程体系。在这种思路指导下，深圳法院推行了以下改革：

（一）以主体身份为突破建立权力运行基础

审判权运行机制改革不仅要着眼审判权运行本身，消除审判权运行中的行政化倾向，体现审判权作为判断权和裁决权的权力运行规律，还要把关于“权”的改革与关于“人”的改革相结合，才能发挥改革的整体效应。2014 年初，深圳市委常委会通过了《深圳市法院工作人员分类管理和法官职业化改革方案》，将法院工作人员分为法官、审判辅助人员、司法行政人员三大职系，对法官实行单独职务序列管理，建立法官单独薪酬体系，实行与法官等级挂钩的薪级工资制度。全市法院共有 1072 名具有法官身份人员选择了法官岗位，之后法官不再在司法行政部门任职，不再担任综合管理类职务，脱离了沿袭多年的行政化管理模式。[①] 深圳法院工作人员分类管理和法官职业化改革着眼权力行使主体，以审判权力行使主体身份和待遇“去行政化”为突破口，为法官依法独立行使裁判权提供了相应的身份和配套制度保障，为审判权运行机制改革整体效应的发挥奠定了基础。在人员分类管理和法官职业化改革基本完成的基础上，深圳法院审判权运行机制改革得以顺利启动并逐步深入推进。

① 本课题结项之后，中央就法官员额制改革出台了明确政策。深圳在前期改革的基础上，按照中央的要求，于 2016 年 5 月进行了中央员额制法官的入额选拔工作，全市法院首批入额的法官共计 841 名。

（二）以独立裁判为重点配置审判权

1. 突出法官和合议庭的裁判主体地位，体现“让审理者裁判”

深圳法院在改革点中合理界定独任法官、合议庭和审判委员会的职权范围，规定除法律和司法解释等明确要求提交审判委员会讨论的案件外，其他案件一律由独任法官或合议庭审理并裁决。同时，改革裁判文书签发机制，属于独任法官职权范围的案件，由其自行签发；属于合议庭职权范围的案件，合议庭成员签署、审判长签发即可付印送达当事人；院长、副院长、庭长、副庭长不得对未参加合议审理的案件的裁判文书进行签发，实现审判权力与审判主体的统一。改革审判委员会制度，弱化个案讨论职能，建立讨论事项先行过滤机制，逐步缩减审委会讨论案件数量，并明确讨论范围主要限于法律适用问题，尽可能将案件裁判权交给法官和合议庭。

2. 完善主审法官、合议庭办案机制，推动院庭长回归办案一线独立行使审判权

深圳中院和试点基层法院（福田、罗湖、盐田）结合各自职能和实际，在办案工作模式上有所区别，但共同点是从现有法官队伍中选拔优秀者担任主审法官或审判长，把优秀法官尽可能地推向审判一线。福田、罗湖、盐田三个区法院的庭长、副庭长均成为办案的骨干力量，副院长也明确承担一定的办案任务。他们均采取了组建相对固定审判团队的模式：基层法院两种模式：1 + 2 + N、1 + N；中级法院一种模式：1 +2 +2。审判团队既是办案单元、管理单元，也是考核单元和责任单元。基层法院由于有大量的简易程序案件，1 名主审法官配备数名辅助人员的模式占了相当大的比例，1 名审判长 +2 名普通法官 + 数名辅助人员的模式同时存在；深圳中院按照 1 +2 +2 的基本配置标准，即 1 名审判长、2 名普通法官和 2 名法官助理。在这种团队模式下，副庭长直接编入固定合议庭并担任审判长，其他院、庭领导编入相应合议庭并依法担任审判长，使原来更多从事案件审批把关工作的优秀法官回归办案一线，审判团队既是办案单元、管理单元，也是考核单元和责任单元。到 2016 年初，这一做法已在深圳全市法院全面推广。

（三）以服务审判为重点配置审判管理权

1. 在审判管理模式上压缩管理层级，以扁平化保障去行政化

深圳地区的试点基层法院均取消了庭长、副庭长对其他审判团队的审判管理职权，实现审判管理的扁平化。考虑中级法院对下监督指导、统一裁判标准等职能，市中院保留了庭长的部分管理监督职责，但取消了副庭长对其他合议庭的审判管理权限，减少了管理层级。从整体上看，改革后弱化了业务庭的职能，使得合议庭既成为办案单元、管理单元，也成为考核单元、责任单元。

2. 在审判管理内容上强调服务保障功能，以宏观指导和中枢运转模式避免行政化干扰

明确院、庭长主要在自己管理层级范围内，依法在宏观上指导工作，督促法官或合议庭提高审判绩效，同时总结审判经验，统一法律适用标准。发挥审判管理办公室的中枢管理机构作用，利用流程管理手段带动管理链条整体运转，在确保审判权独立行使的前提下提供高效的服务。

（四）以边界明晰为重点配置审判监督权

1. 明确审判监督主体和职权，确保监督不缺位

深圳中院改革方案将对审判活动的监督职权赋予院长、副院长和庭长、审判委员会。其中，院长、副院长依法对生效案件进行监督，对重点案件进行督办，并依法决定或处理与个案有关的回避等具体事项；庭长依法对案件审理中遇到的程序事项作出决定或提出建议，同时对重点案件进行督办。

2. 明确审判监督权力边界和程序，确保监督不越位

为规范院、庭长对重点案件的监督机制，避免监督行为干预审判权运行，深圳中院明确院、庭长行使监督职权主要通过发挥审判委员会、审判长联席会议的作用来实施，不得对案件裁判结果直接作出指示。其通过组织召开审判长联席会议对有关个案进行研究，仅对合议庭具有咨询、指导、参考作用，裁判责任仍由合议庭和法官承担。同时建立院、

庭长监督全程留痕制度，院、庭长在监督活动中形成的全部文书必须入卷存档。

3. 建立审判管理权、监督权权力清单

为进一步明确“三权”具体权力内容，避免因权力配置不明导致权力真空或权力滥用，2015 年深圳中院起草了《关于审判职权配置的暂行规定（试行）》，以权力清单的形式，界定审判权、审判管理权、审判监督权。管理和监督不可缺位，也不可越位。这一规定于 2016 年被吸收至《深圳市中级人民法院落实司法责任制工作指引》之中，成为法官办案，院、庭长履行审判管理和审判监督职能的操作指南。

（五）以落实到位为重点建构办案责任体系

深圳法院将司法责任制与审判权运行机制改革一体推进，强化审判责任落实，体现“由裁判者负责”。深圳中院出台了《深圳市中级人民法院办案责任追究办法（试行）》，对法官、合议庭审判责任制的责任体系、追责程序、追责形式等方面进行了一系列改革探索。以此为基础，深圳法院按照之后陆续出台的最高人民法院《关于完善人民法院司法责任制的若干意见》《广东省高级人民法院贯彻落实〈关于完善人民法院司法责任制的若干意见〉的实施意见（试行）》的最新要求，出台了《深圳市中级人民法院落实司法责任制工作指引》，进一步就解决责任落实问题进行了全面探索。

1. 明确公正办案的义务

法官在享有审判权的同时，必须履行相应的附随义务。包括通过言行体现公正、注重司法礼仪和职业道德准则、提高办案效率、抵制外界干预独立审判等。

2. 构建责任体系

将办案责任细化为工作绩效责任、审判瑕疵责任、违法审判责任，依法限定法官、合议庭、司法辅助人员的办案责任追究范围与免责条件。明确应当追究违法审判的七种情形和不得追究责任的八种情形，避免办案责任严苛化、扩大化，防止法官因依法履职遭受不当责任追究，从而消除法官办案的后顾之忧。

3. 明确责任主体

明确办案责任主体范围包括案件承办法官、审判长、合议庭其他成员以及对案件负有监督职责的庭长、审委会委员、副院长、院长。同时，在确定责任主次时，根据案件流程，综合考虑职责要求、对错误产生的影响大小，分别确定主次责任主体。

4. 完善追责程序

深圳中院专门成立了由资深法官组成的案件质量评查委员会，直接对审判委员会负责。案件质量评查委员会下设专门的评查合议庭，按照相关评查标准严格对发改、指令再审等案件进行重点评查评查，评定为瑕疵案件的，由案件质量评查委员会确认，评定为问题案件的，由审判委员会最终审定。由此，在权力与责任、责任与责任追究之间架起桥梁，为责任追究和业绩考评提供客观、专业、权威评价依据，构建责任发现、责任认定、责任追究的有效衔接机制。

5. 严格追责形式

制定否定性评价、惩戒性处罚和移送司法处理三类责任承担形式。明确对案件评查结果的应用，对评查为瑕疵的案件纳入法官业绩考核、记入业绩档案；对问题案件，移交纪检监察部门启动违法审判责任追究程序。对需要追究违法审判责任的，经过违法审判调查程序后，报请省法官惩戒委员会审议决定。

（六）以科学可行为重点完善法官业绩评价体系

1. 构建科学可行的绩效考评体系

为废除不符合司法规律的考核指标和排名制度，深圳中院建立了新型的法官、合议庭业绩考评办法，一方面设立了五项考评指标：完成基本办案任务、瑕疵案件、问题案件数量、法定（正常）审限内结案率、18个月未结案件数；另一方面设立了研究性数据：案件发改率、结案率、调解撤诉率等。

2. 形成法官业绩档案机制

将考核指标情况与研究性数据全部记入法官业绩档案，为办案责任制中的绩效责任得以落实提供依据，同时作为主审法官选拔、法官等级晋升、评先评优、提拔任用的重要参考，形成积极的工作导向。

二、深圳法院审判权运行机制改革的初步成效

深圳法院的审判权运行机制改革推行的时间并不太长，但从实践情况看，改革取得了一定的成效。主要表现在：

（一）审判权回归后法官和合议庭办案主体地位凸显，优秀法官向办案一线集中

通过合理界定独任法官、合议庭和审判委员会的职权范围，“让审理者裁判”的理念得以充分体现。尽管不同试点法院办案工作模式上有所区别，但从现有法官队伍中选拔优秀者担任主审法官或审判长、组成合议庭（团队）的共同做法，使得优秀法官全面向办案一线集中。独立裁判的主体地位得以凸显，办案组织单元精简紧凑，促使审判长（主审法官）和其合议庭（团队）成员的积极性、责任心和凝聚力大大提升，荣誉感进一步增强，“正规化、专业化、职业化”的队伍发展导向得以进一步明确，为广大法官提供了新的职业发展空间。

（二）符合审判规律的主审法官、合议庭办案责任制初步建立，基本实现权责统一

主审法官与合议庭依法独立办案机制在深圳法院得到确立，扁平化管理模式运转高效的优势得到发挥，裁判权主要集中在作为优秀法官代表的主审法官（审判长）和合议庭手中，朝着弱化行政审批色彩、回归司法规律迈进了一大步，促进了审与判统一、权与责一致，办案责任更易落到实处。根据改革要求，审委会只讨论重大、疑难、复杂案件的法律适用问题，提交审委会讨论的案件范围依法大幅缩减。

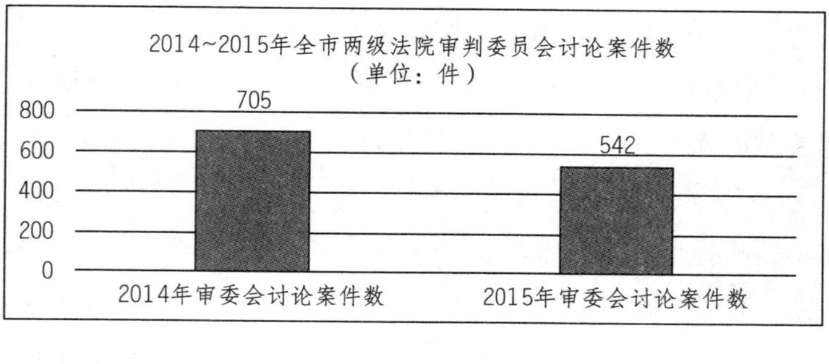

深圳两级法院经审委会讨论案件过滤机制过滤后，实际提交讨论的案件数量同比下降显著。2015 年，深圳两级法院审判委员会讨论案件数 542 件，同比下降 23.1%。审委会讨论案件的类型基本集中于法定必须由审委会讨论的案件以及对法律适用存在争议的案件，因案件事实认定存在疑难等其他问题提交讨论的案件仅 57 件，较 2014 年同期下降 44.1%

在院、庭长办案方面，深圳各试点法院的院、庭长参审和主审案件数量均明显上升。2015 年，深圳两级法院院、庭长（含副庭长）直接承办案件 48 134 件，并另外担任审判长参审案件 21 141 件，合计共占全市法院结案总数的 30.9%，同比上升 3.7 个百分点，合议庭、独任法官签署结案裁判文书占结案数比例的 95% 以上。主审法官、合议庭独立办案机制初步确立，传统的院、庭长审批案件制度被“谁审理、谁裁判”的办案制度代替。

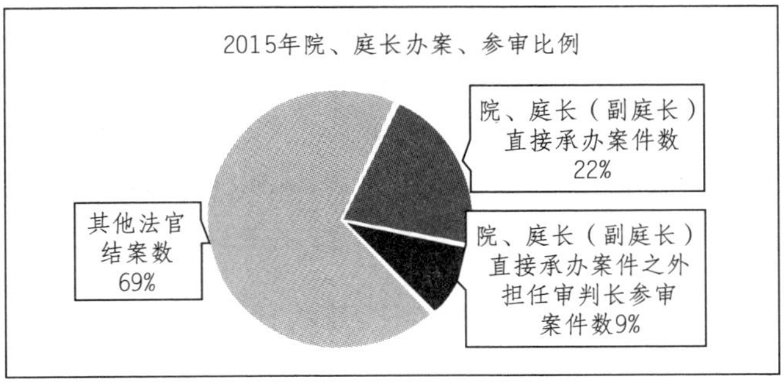

（三）整体办案质效水平明显提升，司法裁判品质得以有力保障

深圳法院的审判权运行机制改革启动后，各试点法院在结案数量和办案质量方面的成效均十分显著。2015 年全市法院共受理各类案件 286 387件，同比上升 27.1%，新收案件量位居全省法院第一；在法官人数没有增加反而因退休、调动等原因有所减少的情况下，办结 224 488件，约占全省法院的五分之一，同比多结 16 788 件，上升 8.1%。市中院共受理各类案件 46 525 件，办结 39 640 件，同比分别上升 16.1% 和 13.2%。在收结案件数量明显增长的情况下，全市法院 2015 年信访投诉量同比下降 12.7%，再审申请启动率同比下降 1 个百

分点，长期未结案件比重同比下降 1.6 个百分点；法官人均结案数量由 2013 年的 158 件、2014 年的 194 件，上升到 2015 年的 217 件，大约是全省其他法院平均水平的 2.2 倍，超过全国法院平均水平的 3 倍。

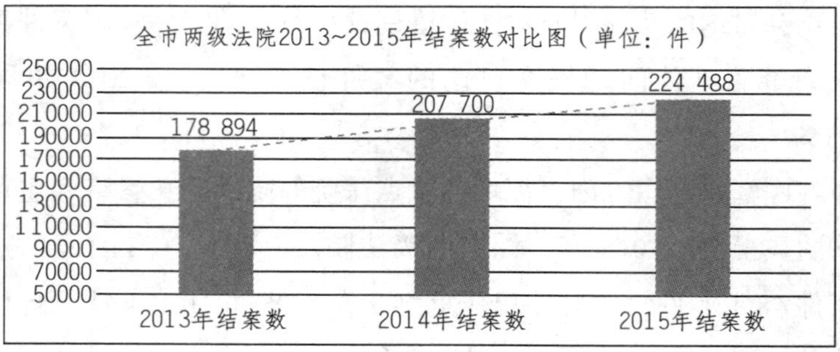

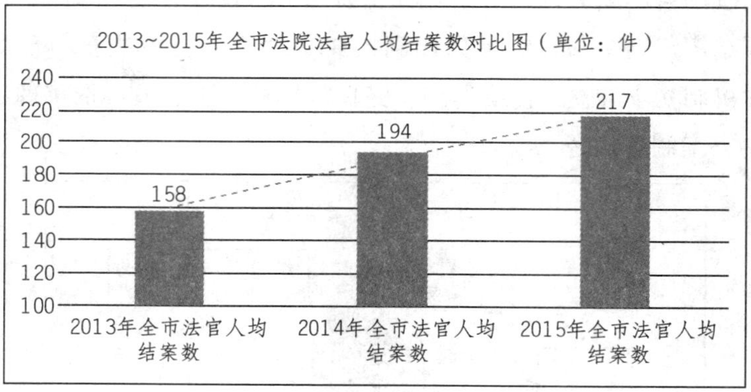

三、深圳法院审判权运行机制改革的参考性经验

作为三权结构理论构架下的改革样本，深圳法院已经初步建成了审判权运行机制的初步模型，作为目前人案矛盾最为突出的地区法院之一，深圳法院在权力配置、组织运行模式、机制构建、配套保障以及责任落实方面形成了一整套较为系统的运行体系，初步实现了权力、责任、保障的有机统一。尤其是在权力关系的认识和配置方面，应该说取得了具有一定参考意义的经验。课题组认为，深圳法院的改革样本也许可以在以下方面为审判权运行机制改革在全国的推进提供一些参考：

（一）审判权运行机制改革的重要基础在于权力运行主体身份的独立

审判权运行机制改革不是孤立的改革，改革不仅要着眼审判权运行本身，还要从权力运行的根本——“人”入手，形成与权力运行规律相符合的审判主体职业身份和待遇保障配套制度体系，将主体身份去行政化作为突破口，寻求权力运行的独立、有序，从而发挥改革的整体效应。只有实现审判主体身份独立、保障到位，才能够凸现裁判权区别于普通行政权力的终局性、示范性，在主体内生动因上排除对于行政化干预的顾虑，为审判权力独立行使、裁判责任有效承担提供根本保障。深圳法院审判权运行机制改革之所以进行得比较彻底，就在于人员分类管理和法官职业化改革先行一步，权力主体改革为权力运行改革奠定了扎实基础。

（二）审判权运行机制改革的基础理念是“监管之下的放权”

在推进审判权运行机制改革进程中，容易产生一种错觉，有的法官认为今后就是自己说了算、合议庭说了算，院长、庭长不能再来介入管理监督；有的院长、庭长也认为已经放权给合议庭和法官，对自己还需不需要管理心生顾虑。管理是任何一个单位协调运转都必须重视的组织活动。法院管理、审判管理有其自身规律，但绝对不是说不需要管理。那种认为改革后法官各管自己“责任田”，院长、庭长也不能管理监督的观念，不仅有违司法规律，有悖法院工作现实，也有悖审判权运行机制改革的初衷。实际上，通过改革，需要的是规范而不是取消院、庭长的管理监督职权，强调的是院、庭长行使监督权全程留痕而不是监督缺位。因此，在改革过程中，要加强理念引导，既要让依法独立公正行使审判权的理念深入人心，又要让广大法官和院、庭长认识到管理监督的不可缺少，使法官在依法独立公正审判案件中主动接受管理监督，使院、庭长敢于善于在新的权力运行模式下加强管理监督。

（三）审判权运行机制改革的核心内容在于对审判、管理和监督主体职权进行合理配置

完善主审法官、合议庭办案责任制，“让审理者裁判、由裁判者负

责”反映到法院的改革工作实践中，是为了建立法院内各主体职责清晰、责任明确、行为规范、权力可控的审判权运行秩序。审判权、审判管理权和审判监督权的适当分离和职权边界的合理界定，对于提升审判权独立行使空间、实现审与判的有机统一具有关键作用。改革的基础理念已经明确裁判权的独立行使并不意味着脱离审判管理和监督孤立运行，审判权去行政化后，院、庭长和审判委员会在审判管理方面的服务保障职能以及在审判监督方面的统筹指导作用应当得以充分发挥。由于院、庭长同时也是审判权行使主体，各类职权行使主体身份难免形成交错，关键点在于通过制度设置明确职权界限和责任分工，形成合理配置的审判、管理、监督权力运行体系，既确保主审法官、合议庭办案主体地位，又避免管理、监督缺位或越位。

（四）审判权运行机制改革的重要保证在于系统配套的制度体系

单起草或制定审判权运行机制改革方案是远远不够的，必须形成一整套制度体系，这才是确保审判权运行过程中各类问题有效解决并将成果固定的有效途径。制度是明确界定权力属性、主体、范围、运行程序的指引和规范，是确保审判权力科学运行、避免失范的衡量尺和依据。为此，深圳中院已先后起草制定了十多个配套制度，如审判执行流程管理规程、合议庭规则、审委会工作规则、审判长联席会议工作规程、审判职权配置暂行规定、案件质量评查委员会工作规程、案件督办工作规程、审判执行工作绩效考评办法、办案责任追究办法等等，并于2016年将相关制度加以整合提炼和完善，形成了《深圳市中级人民法院全面落实司法责任制工作指引》，对审判、管理、监督、保障、考核、评价、追责等配套制度进行了一体安排。这是深圳法院审判权运行机制改革中问题和经验的提炼和总结，也成为改革进一步深化的重要保证。

（五）审判权运行机制改革是渐进的、具有现实差异性的制度改革

深圳法院的法官素质应该在全国法院来说处于整体较高的水平，放权程度较高，管理的服务性和监督的事后性特点比较明显。但是，其他地区法院，尤其是中西部地区法院，法官整体业务水平参差不齐，如果

像深圳这样较为彻底地将院、庭长对于案件的管理和监督权力进行剥离，案件质量能否得到有效保证？因此，“放权程度”的问题应当成为今后全国法院推行审判权运行机制改革要重点考虑的问题，不能一刀切，要根据区域特点、人员素质、组织架构的不同有区分、阶梯式的实现放权。

另一方面，深圳法院在审判权运行主体的独立身份和职业保障方面先行了一步，这与地方党委和政府的支持有很大的关系，也是改革得以顺利推进的重要推手。但在全国来说，这并不具有普遍的可复制性，毕竟，一些地方区域在人事和财政方面的支持难以达到统一程度。在目前全国法院实行人、财、物省级统管的改革大方向下，实现审判权运行主体身份的独立保障，需要顶层设计加上地方配套逐步加以推进。

此外，审判权运行机制改革在本质上是司法责任制改革的内在组成部分，司法责任制的体系架构上不能仅仅集中于狭义的办案责任制方面，同时也要对于审判权运行过程中的管理责任、监督责任形成完整的责任制度体系。如果不能较好地加以完善，很可能导致管理和监督的责任真空地带，影响其作用的有效发挥，对审判权独立公正行使产生负面效应。当然，司法责任制的完善是一个渐进的过程，课题组提出这个问题的目的，是强调在审判权、审判管理权和审判监督权“一体两翼”的权力运行结构下，各级法院在进行制度构建和改革设计时，应当根据权力配置的基础设计相应地构建司法责任制度，统筹兼顾，对审判权、审判管理权和审判监督权的边界和配置进行科学的谋划和布局。

结　语

著名哲学家约翰·杜威对社会进步有一个精辟的论述："进步并不是一种批发的买卖，而是零售的生意，应当一部一部地定约，一批一批地成文。"① 这也就是说，制度变迁中绝大部分是渐进的。审判权运行机制作为影响人民法院公正行使裁判权的重要制度体系，其建构和完善必然会随着中国社会的发展以渐进的方式加以实现，并受司法体制改革乃至政治体制改革整体推进的影响，因此审判权运行机制的健全完善必然是一个较长时间的过程。本课题以审判权力结构为视角进行审判权运行机制的理论完善和制度构建，试图通过对权力结构的理论研究和对权力配置的实践探索为审判权力运行提供一套较为完整的理论架构和制度设计参考。诚然，探索之路永无止境，我们的方案中还有许多问题和不同的视角值得进一步探究和研讨，实践的效果也需要进一步验证，但我们真诚地希望理论和实务界的同仁能以此为素材或一个视角，以更宽阔的视野，以更务实的精神，努力寻求一条通过审判权运行机制改革，真正"让审理者裁判，由裁判者负责""让人民群众在每一个司法案件中感受到公平正义"的有效路径。

---

① 转引自胡适：《民主与极权的冲突》（原题"The Conflict of Ideologies"，胡适1941年7月在密歇根大学演讲），张起钧译，载 http：//blog. sina. com. cn/blog_ 4f11be540102dxh9. html，最后访问时间：2015年7月15日。

附件　深圳法院审判权运行机制改革试点相关方案和配套制度

附件1：深圳法院审判权运行机制改革试点工作总体方案

为贯彻落实党的十八届三中全会精神和《中共中央关于全面深化改革若干重大问题的决定》，建立符合司法规律的审判权运行机制，优化审判资源配置，强化依法办案责任制，维护独立审判原则，最大程度地满足人民群众对公平正义的需求，按照中央关于深化司法体制和工作机制改革的总体部署，依据最高人民法院印发的《关于审判权运行机制改革试点方案》精神，结合我市法院工作实际，制定本方案。

一、改革理念、目标及基本原则

（一）改革理念

1. 遵循司法规律。加强对审判工作本质特点和运行规律的探索认知，消除审判权运行的行政化倾向，确保改革始终符合司法审判的基本规律。

2. 聚焦司法公正。着眼维护司法公正这一中心目标，构建与之相协调的司法职权结构，优化与之相配套的司法资源配置模式。

3. 确保权责利统一。坚持权责利一致的权力配置原则，确保法官权力保障制度、权利保障制度和责任追究制度到位。

（二）改革目标

1. 确权。既科学合理地确定各类审判组织的职权范围，也科学合理地确定各类监督管理主体的职权范围；既防止赋权不到位，也防止权力越界。

2. 明责。在“确权”基础上做到责任的明晰化、具体化，既严格落实各类审判组织的办案责任，也严格落实各类监督管理主体的监督管理责任，体现谁用权谁负责；既防止权力滥用，也避免走入“一放就乱，一乱就收”的怪圈。

3. 公开。既通过强有力的公开措施使各类审判组织、各监督管理主体的权力透明化，尽可能消除权力边界模糊地带，也通过司法公开形成倒逼机制，促进各权力主体更加规范谨慎用权，力求法院裁判结果获得内外一致的认同。

4. 规范。强化权力运行的组织色彩，避免个体随意性，建立节点明晰、全程留痕、有据可查的权力流程体系，确保权力运行规范、高效。

（三）改革原则

1. 依法改革原则。在宪法和法律框架下谋划、推进改革，确保改革措施符合宪法精神和法律基本原则。

2. 积极创新原则。适应深圳加快建设现代化国际化先进城市及一流法治城市战略，领潮争先，先行先试，为全国法院改革攻坚探路，积累经验。

3. 立足实际原则。坚持从现实国情和市情出发，使改革目标富有前瞻性，改进方法保持渐进性，反对盲目冒进，超越现实国情，确保改革实效。

二、审判组织改革

1. （组织模式）市中院保留审判庭设置。庭长、副庭长直接编入合议庭并担任审判长，其他合议庭的审判长应当从优秀资深法官中选任。副院长、审判委员会专职委员和其他未担任领导职务的审判委员会委员根据需要编入相应合议庭并担任审判长；条件成熟时，直接编入合议庭并担任审判长。

基层法院可以积极探索一个合议庭即为一个审判庭的模式，副院长、审判委员会委员、庭长直接编入合议庭担任审判长，副庭长可以直接任命为审判长，也可以与其他优秀资深法官经选任后担任审判长。

2.（不同审判组织审判职权）根据法律规定和法院工作实际，在基层法院明确划分独任法官、合议庭、审判委员会的职权范围，在市中院明确划分合议庭、审判委员会的职权范围。

3.（临时合议庭）对于重大疑难案件，院长、副院长可以根据需要临时编入合议庭并担任审判长，或决定由审判委员会委员组成临时合议庭负责审理。

4.（合议庭类型）根据不同业务类型，积极探索建立侧重不同功效、组成模式多元的合议庭类型，促进审判专业化、分工精细化。

5.（合议制度）完善合议庭议事方式，充分发挥审判长的程序主导作用，强化合议庭的办案职责落实。

6.（审判委员会制度）完善审判委员会委员选任机制，明确审判委员会专职委员的职责，健全提交审判委员会讨论案件过滤机制，规范审判委员会案件讨论机制。

审判委员会制度改革具体内容，参照最高人民法院关于审判权运行机制改革试点方案精神，由试点法院另行规定。

7.（文书签署）审判员独任审理的案件，裁判文书由独任审判员直接签署；助理审判员独任审理的案件，裁判文书应由其所在合议庭的审判长审核后签署。合议庭审理案件的裁判文书，由案件承办法官、合议庭其他法官、审判长依次签署。院长、庭长不得对未参加合议审理的案件的裁判文书进行签发。

三、管理监督改革

1.（减少管理监督层级）保留审判庭设置的，取消副庭长层级的管理监督；一个合议庭即为一个审判庭的，取消庭长层级的管理监督，探索建立扁平化的管理监督格局。

2.（管理监督职权配置）在确保各类审判组织及其成员依法公正独立行使审判权的前提下，依据相关法律并结合实际，合理确定院长、副院长、庭长的管理监督职权，明确管理监督事项，确保在放权的同时，管理监督到位。

3.（强化管理监督的组织色彩）院长、副院长、庭长在管理监督中，要注重发挥审判委员会、审判长联席会、专业法官会议和审判管理部门的积极作用，以组织行为避免个体随意性。

4.（管理监督方式）院长、副院长、庭长分别依照人民法院组织法和有关诉讼法的规定，在其职权范围内履行管理监督职责。

院长、副院长、庭长对审判活动的管理监督，应当全程留痕。

5.（审判事务管理）根据审判权运行新机制，理顺审判管理机制，完善审判管理制度，明确审判管理内容，健全审判管理方式。

6.（办案责任制）明确独任法官、合议庭及其成员的办案责任，细化责任追究标准、追责程序，确保让审理者裁判、让裁判者负责。

7.（法官考评）健全完善法官考评和案件评查制度，建立适度社会化的考评机制，将考评结果作为确定法官任职、确定年度考核等级、评先评优、晋级、晋职的重要依据。

8.（审级制下的评价与异议反馈）市中院审理上诉案件或再审案件时，根据需要可以对原审独任法官或合议庭履职情况作出评价；下级法院认为原裁判无质量问题、无法定改判事由而被改判的，可以依程序提请上级法院审查。

9.（深化司法公开）大力推进司法公开，把审判权的运行置于全社会的监督之下，促进法官更加审慎地履行职责。

四、配套保障措施

1.（加强职业保障）积极争取党委、政府支持，推进人员分类管理和法官职业化改革，加强法官职业保障；审判委员会委员享受副院长待遇，其法官等级比照副院长等级确定，其他被选任为审判长的资深法官享受中层副职以上待遇，其法官等级比照中层副职以上等级确定。

2.（辅助人员配备）为独任法官和合议庭配备一定数量的审判辅助人员，确保其有效履行审判职责。

3.（司法事务集约化）积极探索司法事务的集中管理，优化资源配置，提高工作效率。

4.（司法政务集约化）积极探索司法政务的集中管理，必要时可以设立院长助理、庭长助理协助院长、庭长处理行政事务。

五、改革的组织与实施

1. 加强组织领导。市中院成立审判权运行机制改革试点工作领导小组，霍敏院长任组长。领导小组办公室设在中院司改办，成员由研究室、审管办、监察督查室、干部处等部门抽调人员组成。基层试点法院要成立专门的试点工作领导小组。

2. 确定试点基层法院。考虑辖区基层法院审判权运行机制改革的基础，确定福田法院、盐田法院为试点法院。

3. 制定实施方案。市中院及各基层试点法院根据最高法院试点方案要求，结合本总体方案安排，分别制定具体实施方案、制定或完善相关工作规范作为配套制度，尽快形成一个总体方案、三个实施方案、若干配套制度的“1 +3 + N”的制度体系，其中总体方案和实施方案层报省法院、最高法院备案（2013 年 12 月）。

4. 试点运行。总体方案和实施方案经最高人民法院批复同意后即启动试点工作。

5. 中期评估。对改革情况进行小结和评估，并根据改革方案试运行情况，对方案进行适当调整优化，同时扩大试点范围（2014 年 12 月，市中院司改办和福田法院、盐田法院负责）。

6. 全面总结。对我市法院审判权运行机制改革情况进行全面总结，形成具有深圳法院特色的改革经验，力争在全国范围内进行推广（2015 年 12 月，市中院司改办负责）。

附件2：深圳市中级人民法院审判权运行机制改革试点工作实施方案

为贯彻落实党的十八届三中全会精神和《中共中央关于全面深化改革若干重大问题的决定》，健全符合司法规律的审判权运行机制，努力让人民群众在每一个司法案件中都感受到公平正义，根据人民法院组织法、相关诉讼法规定，遵照最高人民法院印发的《关于审判权运行机制改革试点方案》精神和《深圳法院审判权运行机制改革试点工作总体方案》，结合我院工作实际，制定本实施方案。

一、改革的基本思路和具体目标

（一）改革的基本思路

我院审判权运行机制改革的基本思路是：着眼完善中国特色社会主义审判权力运行体系，遵循司法规律，健全完善以审判权为核心，权责明晰、权责统一、管理有序、监督留痕的审判权力运行机制，切实做到让审理者裁判，由裁判者负责。

（二）改革的具体目标

1. 合理界定合议庭、审判委员会的职权范围，充分发挥合议庭办案主体作用，大幅度缩减审判委员会讨论案件数量，理顺合议庭与审判委员会的关系；

2. 规范合议庭议事规则，理顺合议庭内部各成员的权责关系，切实解决合而不议、简单附议等问题；

3. 规范审判委员会议事规则，完善运行机制，推行审判委员会委员组成合议庭办案制度；

4. 优化配置法院内部各主体的管理与监督职责，依法强化各种职能之间的制约监督，确保合议庭及其成员依法独立公正行使职权；

5. 严格落实合议庭、审判委员会的办案责任，实现权责统一、权责明晰，做到权责利相协调。

二、审判权配置改革

（一）合议庭制度改革

1. 保留审判庭建制，根据人案基本均衡原则在一个审判庭内设置若干合议庭。

合议庭以 3 名法官为基准，成员相对固定。根据实际工作需要，合议庭配置 3 名以上法官的，审理案件时仍须按照法律规定和合议庭规则执行。

2. 副院长、审判委员会专职委员、担任审判委员会委员的副巡视员按照分管或协管业务类别，编入相应合议庭，其参加合议庭审理案件时依法担任审判长。

庭长编入所在业务庭的相应合议庭，并依法担任审判长。

副庭长直接编入固定合议庭并担任审判长。

其他合议庭的审判长从优秀资深法官中选任，实行任期制。

3. 对于重大、疑难、复杂案件，审判委员会委员可以组成三至七人的临时合议庭负责审理。

4. 各审判庭应当确定一个合议庭同时承担办案任务和调研、对基层法院业务指导等任务。

5. 副院长、审判委员会专职委员、担任审判委员会委员的副巡视员的办案任务数量根据情形适当确定。

庭长的办案任务数量适当低于其他固定合议庭审判长，审判长的办案任务数量适当低于合议庭其他法官。

同时承担调研、对基层法院业务指导等任务的合议庭，审判长和合议庭其他法官办案任务数量适当低于其他合议庭。

具有审判职称的廉政监察专员，办案任务数量另行规定。

6. 完善合议庭工作制度和议事方式，明晰审判长、承办法官和合议庭其他法官的不同职责，合议庭评议案件应当包括案件事实和证据的认定、具体法律适用、裁判结果等内容。

7. 合议庭审理案件的裁判文书，由案件承办法官、合议庭其他法官、审判长依次签署后付印。

8. 院长、副院长、庭长、副庭长不得对未参加合议审理的案件的裁判文书进行签发。

（二）审判委员会制度改革

1. 规范审判委员会委员选任条件，完善审判委员会的构成，明确审判委员会专职委员的职责。

审判委员会委员中应当包括若干名不担任领导职务，政治素质好、审判经验丰富、法学理论水平较高、具有法律专业高等学历的资深法官。

2. 严格限定审判委员会讨论案件范围，完善提交审判委员会讨论案件先行过滤机制，强化审判委员会总结审判经验、讨论决定审判工作重大事项的宏观指导职能。除法律和司法解释规定应当提请审判委员会讨论的案件之外，细化其他重大、疑难、复杂案件的判定标准。

3. 审判委员会讨论案件仅限于法律适用问题。

4. 对于提交审判委员会讨论决定的案件，应当将审判委员会委员名单提前告知当事人。当事人有权申请审判委员会委员回避。

5. 提交审判委员会讨论决定的案件，合议庭应当归纳关于案件法律适用的不同意见，并阐述相应的理由。

合议庭全体成员列席审判委员会。再审案件的原承办法官列席审判委员会。

6. 审判委员会委员对于提交审判委员会讨论决定的案件，应当事先阅读审理报告，了解合议庭对案件事实问题的认定和对法律问题的意见，并根据需要调阅庭审视频或者查阅案卷。

7. 审判委员会委员讨论案件时充分发表意见，表决时应当按照委员任职资历由低到高的顺序进行，主持人最后发表意见和表决。审判委员会委员可以在讨论后一定时间内就自己已经发表的意见补充书面理由。所有参加讨论和表决的委员应当在审判委员会会议记录上署名。

8. 经过审判委员会讨论案件的裁判文书，经案件承办法官、合议庭其他法官和审判长依次签署后，庭长、主管副院长应当根据审判委员会的决定进行审核。合议庭应当执行审判委员会的决定，审判委员会作出决定的理由应当反映在以合议庭名义制作的裁判文书中。

三、审判管理改革

（一）院长、副院长的审判管理职责

1. 从宏观上指导全面的或专项的审判工作；

2. 根据所掌握的审判管理信息，负责组织研究制定有助于提高公正、效率和公信的司法政策，统一全院或全市法院的法律适用标准；

3. 主持或根据授权主持审判委员会总结审判工作经验；

4. 根据审判工作态势，采取优化内部流转程序的措施；

5. 院长授权并监督审判管理部门对延长审限申请进行审核把关；

6. 督促检查相关审判庭或合议庭审判工作任务完成情况；

7. 负责组织与其他机关的业务沟通协调；

8. 院长依照《法官法》的规定主持法官考评委员会对法官进行考评等；

9. 管理与审判工作直接相关的其他事务。

（二）庭长的审判管理职责

1. 负责召集相关审判长联席会议或专业法官会议，总结某一专业领域工作经验，统一法律适用标准；

2. 根据审判工作态势，采取优化内部流转程序的措施；

3. 督促检查本审判庭各合议庭审判工作任务完成情况；

4. 负责组织与其他机关的业务沟通协调；

5. 负责组织对下级法院的业务指导等。

（三）审判长的审判管理职责

1. 配合庭长行使审判事务管理权，决定所在合议庭的部分审判事务；

2. 对分配至所在合议庭的案件进行二次分配，决定承办法官；

3. 督促检查合议庭其他成员审判工作任务完成情况；

4. 根据主管副院长、庭长的安排，对下级法院进行业务指导等。

（四）审判管理办公室的审判管理职责

1. 优化审判流程管理，加强对案件流转的动态监控；

2. 开展审判态势分析，定期通报审判质效数据，为院长、副院长、庭长、审判长行使审判管理权提供决策参考；

3. 根据工作需要，适时调配不同审判庭、不同合议庭之间的案件分配；

4. 审限预警、催办及审限延长管理；

5. 完善案件质量评查管理体系，加强案件质量管理；

6. 完善审判绩效评估体系，配合政工部门开展审判绩效考核，为合理调配人力资源提供决策依据等。

四、对审判活动的监督

（一）院长、副院长对审判活动的监督

1. 院长依法对生效案件进行监督，并对以下七类案件进行重点监督：

（1）被改判、发回重审的案件；

（2）被指令审理或指令再审的案件；

（3）检察机关抗诉或者提出检察建议的案件；

（4）已确认的以法院为被申请人的国家赔偿案件；

（5）案件评查或执法检查中发现有问题的案件；

（6）被当事人投诉并经相关部门审查后认为可能有问题的案件；

（7）上级法院改判的案件经下级法院审判委员会讨论认为原裁判没有质量问题并向上级法院申请审查的案件。

2. 院长主持审判委员会对案件是否存在质量问题或违法审判情形作出认定。

3. 主持或根据授权主持审判委员会决定或处理与个案有关的具体事项。

4. 依照法律规定的权限和程序对案件审理中遇到的回避等程序事项作出决定。

5. 应庭长提请，组织召开审判长联席会议或专业法官会议，讨论个案审理过程中发现的重要法律适用问题或者其他重大疑难复杂问题，供合议庭参考。

6. 对重点案件进行督办，但不得对案件裁判结果直接作出指示。

（二）庭长对审判活动的监督

1. 依照法律规定的权限和程序对案件审理中遇到的程序事项作出决定或提出建议；

2. 应审判长提请，组织召开审判长联席会议或专业法官会议，讨论个案审理过程中发现的重要法律适用问题或者其他重大疑难复杂问题，供合议庭参考；

3. 根据院长授权或审管办安排，对重点案件进行督办，但不得对案件裁判结果直接作出指示。

五、办案责任制

1. 在保障各类审判组织依法独立行使审判权的前提下，按照权责一致原则，健全完善法官办案责任制，细化需要追究责任的程序事项和实体事项，区分需要承担的审判绩效责任与违法审判责任，理顺启动责任追究的工作程序，强化可操作性。

2. 建立案件廉政风险防控体系，强化风险提示、预警等功能，确保司法廉洁。

3. 对列入院长审判监督范围的七类重点案件，由审判管理办公室统一编立质量监督案号，组织进行重点评查。经评查存在案件质量问题的，交政治部干部处记入法官考评档案，追究审判绩效责任；存在违法审判情形的，交监察督查室追究违法审判责任。

4. 健全完善法官考评档案，突出办案实绩、办案质量，作为确定法官任职、确定年度考核等级、评先评优、晋级、晋职的重要依据。

5. 建立完善对合议庭的考核机制，提升合议庭作为办案单元的整体效能。

6. 建立院长、副院长、庭长对审判活动的监督全程留痕制度，坚持责随权走。审判管理办公室对列入院长督办范围的案件统一编立督办案号，对院长、副院长、庭长行使监督职责的情况进行统一登记备案。

7. 探索建立将各界批转、督办案件情况向社会公开机制，规范各界对审判权进行监督的行为。

8. 建立法院以外的第三方评价机制。吸收当事人、代理律师和公众代表对法官的工作作风、职业道德进行评价，同时建立相应的法官申辩机制。

9. 法官依法履行审判职责的行为，不受追究。

10. 审判委员会委员在讨论或表决案件时发表意见，不受追究。

六、配套保障措施

1. 积极推进人员分类管理和法官职业化改革工作，在明确法官职业权力、强化法官职业责任的同时，加强法官的职业保障，实现权责利相统一。

2. 审判委员会委员享受副院长待遇，其法官等级比照副院长等级确定，其他被选任为审判长的资深法官享受中层副职以上待遇，其法官等级比照中层副职以上等级确定。

3. 完善审判长选任规程，明确审判长的选任标准、选任流程、空缺递补规则以及取消审判长资格的条件、程序等。

4. 为确保审判长和其他法官有效履行审判职责，为其配备一定数量的法官助理、书记员等协助其工作。

5. 积极探索司法事务的集中管理，优化资源配置，提高工作效率。

6. 积极探索司法政务的集中管理，优化人力资源配置。综合部门除特殊岗位需要外，具有审判职称的人员尽可能配置到审判业务部门。

7. 大力推进司法公开，把审判权的运行置于全社会的监督之下，促进法官更加审慎地履行职责。

七、改革的组织与实施

1. 加强组织领导。市中院成立审判权运行机制改革试点工作领导小组，院长任组长，其他院领导为成员。领导小组办公室设在中院司改办，分管院长任主任，成员由研究室、审管办、监察督查室、干部处等部门抽调人员组成。

2. 制定实施方案。按照最高法院印发的总体试点方案和深圳法院试点工作总体方案，制定我院具体实施方案，并层报省法院、最高亿法院备案。

3. 修订完善工作规范。市中院各相关部门及时完成有关工作规范的修订完善工作，确保改革前后工作机制的衔接。

（1）修订《审判执行流程管理规程》《审判委员会工作规则》《合议庭规则》《案件督办工作规程》；

（2）修订《案件质量检查规程》《案件质量监督管理规定》；

（3）制定《规范自由裁量权的若干规定》；

（4）修订《审判长选任办法》；

（5）修订《岗位责任制》及《综合考核办法》；

（6）制定《审判责任追究办法》，出台贯彻落实《人民法院工作人员处分条例》实施细则；

（7）制定引入第三方评价机制的实施办法。

4. 试点运行。本方案经最高人民法院批复同意后即启动试点工作。

5. 中期评估。对改革情况进行小结和评估，并根据改革方案试运行情况，对方案进行适当调整优化，进一步消除审判权运行机制中的行政化问题，最大程度实现让审理者裁判，由裁判者负责。

6. 全面总结。对我院审判权运行机制改革情况进行全面总结，力争形成可资借鉴的成熟经验。

附件3：深圳市中级人民法院落实司法责任制工作指引（试行）

2018年4月（修订版）

前 言

司法责任制改革是司法体制改革的“牛鼻子”，对提高司法质量、效率和公信力具有重要意义，对系统推进司法体制改革具有“牵一发而动全身”的统领作用。中央和省、市委高度重视司法责任制改革：2015年9月21日，最高人民法院印发了经中央深改组第十五次会议审议通过的《关于完善人民法院司法责任制的若干意见》；2016年9月12日，广东省高级人民法院印发了经广东省委深改组第二十次会议审议通过的《广东省高级人民法院贯彻落实〈关于完善人民法院司法责任制的若干意见〉的实施意见（试行）》；深圳市作为第一批司法体制改革试点地区，在市委统一领导下，统筹推进司法责任制、法院工作人员分类管理、司法人员职业保障、法院人财物统管四项改革，取得了积极成效。

作为最高人民法院确定的首批审判权运行机制改革试点法院，我院于2013年开始即一体推进司法责任制改革，优化审判资源配置，明确审判组织权限，规范审判管理和审判监督职权的行使，确保法官依法独立公正履行审判职责，形成了一套相对完整的制度体系。为全面落实司法责任制，巩固改革成果，为广大法官和院庭长依法履职提供可操作性的规范，根据相关法律法规、司法解释以及《关于完善人民法院司法责任制的若干意见》和广东省法院实施意见的有关规定，结合我院实际，将近年来司法责任制改革的相关文件和制度进行重新整合，将审判实践中行之有效的做法进行系统梳理，在广泛征求意见的基础上，形成《深圳市中级人民法院落实司法责任制工作指引（试行）》，已经2016年8月29日院党组第30次会议、2016年9月1日院审判委员会全体委员会第8次会议讨论通过。试行一年后，对运行过程中出现的需要完善的部分进行了修订，并经2017年11月22日院审判委员会全体委员会第11次会议讨论通过。2018年4月，结合新制定的执行工作相关规定，对本指引相关文字表述进行再次调整和完善。

本指引以严格的审判责任制为核心，以科学的审判权力运行机制为前提，以明晰的审判组织权限和审判人员职责为基础，以有效的审判管理和审判监督为保障，努力实现让审理者裁判、由裁判者负责，确保人民法院依法独立公正行使审判权。具有以下几个特点：一是系统化。全面系统规定审判、管理、监督、保障、考核、评价、追责等司法责任制配套制度，强化事中的管理监督、事后的责任追究和权责的统一，基本实现办案机制、评价机制、问责机制与保障机制的有机衔接。二是全流程化。遵循司法审判工作规律和法院工作实际，从立案分案、庭前准备、开庭审理、合议庭评议，到院庭长管理监督、专业法官会议和审委会讨论，再到案件质量评查、责任追究和法官考评，实现全流程的规制。三是规范化。系统梳理各类司法人员、各个岗位的工作职责，明确界定合议庭、审委会等审判组织的审判权，细化院庭长管理监督的“权力清单”和“责任清单”，确保权力运行、管理监督、评价追责有制度、有依据、有指引。四是易操作化。本指引全文共316条，对《关于完善人民法院司法责任制的若干意见》和广东省法院实施意见进行细化，为合议庭如何行使审判权、院庭长如何行使监督管理权提供直观便捷的操作指引。五是可视化。运用现代信息技术，对内利用综合业务系统对审判工作重要节点留痕记录，对外依托司法公开四大平台向社会公众公开案件信息、审判流程和裁判文书，建立节点明晰、全程留痕、有据可查、公开透明的权力流程体系，主动接受监督，促使法官依法用权、公正裁判，提高司法公信力。

制度的生命力在于落实。期待我院各级领导干部和广大法官、司法辅助人员能严格按照本指引依法规范行使权力、履行职责，在工作实践中检视司法责任制改革的成效，亦为不断完善司法责任制积累新经验、作出新探索。

2018 年 4 月

深圳中院落实司法责任制工作指引示意图

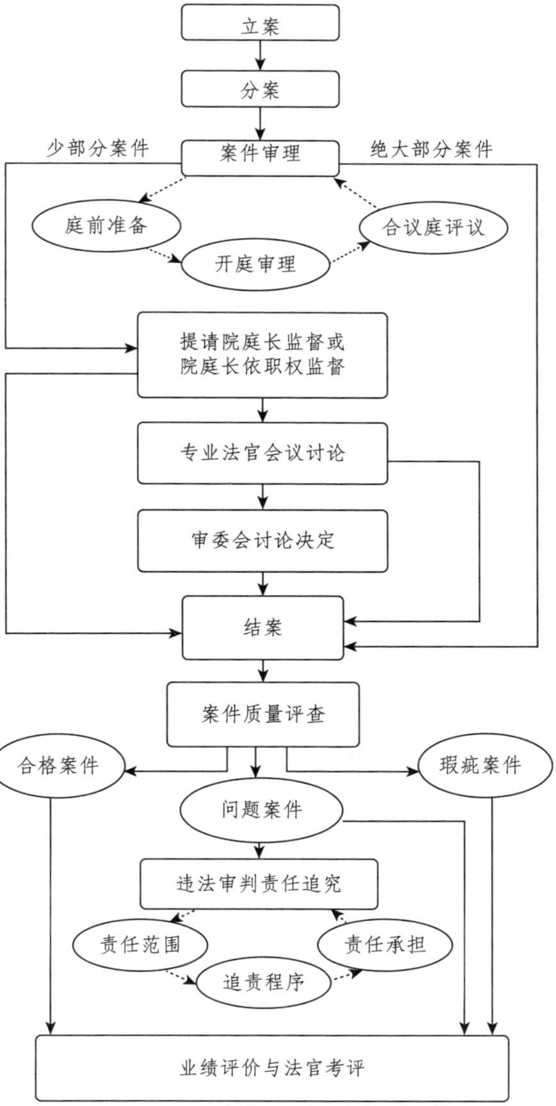

目 录

第六节　关于参照适用
第六章　专业法官会议运行规范
第一节　专业法官会议职能
第二节　专业法官会议组织
第三节　专业法官会议召集人、成员、秘书的工作职责
第四节　专业法官会议的讨论范围
第五节　专业法官会议的议事程序
第六节　专业法官会议的其他规定
第七章　审判委员会运行规范
第一节　审判委员会职能与组织
第二节　审判委员会职责
第三节　审判委员会委员的职责
第四节　审判委员会委员参加合议庭审理案件
第五节　上会材料的提交
第六节　审判委员会会议制度
第七节　审判委员会的决定
第八节　保密和档案制度
第八章　审判管理部门的审判事务管理规范
第一节　审判事务管理
第二节　督办事务管理
第九章　法官履职保障
第一节　法官依法办案保障
第二节　法官履职安全保障
第三节　法官人格尊严和职业尊荣保障
第十章　案件质量评查
第一节　基本规定
第二节　评查范围
第三节　评查的启动
第四节　评查程序

第一章 立案与分案

第一条【立案】 对依法应当受理的一审民商事起诉、行政起诉以及初次提出的强制执行申请、国家赔偿申请实行立案登记制。其他案件的起诉、申请和上诉按照相关法律和规定办理。

第二条【不予立案】 对不符合法律规定立案条件的起诉或者申请，应当组成合议庭依法裁决不予受理或者不予立案。

第三条【信息录入与案件移送】 立案后应当及时完成案件信息录入、法律文书送达、诉讼材料整理立卷、繁简识别等工作，并在立案后3日内将案件移送审判管理办公室。但诉前财产保全、诉前证据保全、仲裁财产保全、指定管辖请示案件、裁决不予受理或者不予立案、不服一审裁决不予受理或者不予立案的上诉案件除外。

第四条【分案时限】 审判管理办公室分案人员应在接收案件后2日内将案件分配至承办法官。

第五条【分案原则】 在加强审判专业化建设基础上，实行随机分案为主、指定分案为辅的案件分配制度。按照审判领域类别和繁简分流原则，审判管理办公室分案人员通过综合业务系统确定案件的承办法官。

第六条【指定分案】　在下列情况下，可以指定分案：

（一）重大、疑难、复杂案件，需组成临时合议庭审理的。

（二）院长、副院长、庭长根据工作需要，提出分案建议的。

第七条【签收案卷】　书记员在案件确定承办法官后2日内到审判管理办公室签收案卷。

第八条【承办法官变更】　案件一经确定承办法官，不得擅自变更。有下列情形之一的，各审判庭庭长报审判管理办公室批准后，可以更换承办法官：

（一）原承办法官因出现法定回避情形需要回避的；

（二）因重大敏感案件、关联案件、系列案件审理需要的；

（三）审判庭认为需要变更承办法官的其他情形。

承办法官的变更需在综合业务系统中注明变更时间、调整原因。

第九条【分案公示】　审判管理办公室按季度将法官分案数量、案件类型等基本信息、承办法官变更情况在内网进行集中公示。

第二章　合议庭的审判职责

第一节　合议庭的组成

第十条【合法原则】　合议庭的组成应严格遵守法院组织法及刑事诉讼法、民事诉讼法、行政诉讼法等的规定。

第十一条【合议庭的基本结构】　根据全院总体审判工作量，区分不同类型案件数量，在各审判庭设置若干人员相对固定的合议庭。合议庭原则上按1∶2∶3∶N配备审判长、合议庭其他法官、法官助理、书记员。

第十二条【人民陪审员参加合议庭】　审判一审案件，可以由人民陪审员和法官组成合议庭进行，合议庭中人民陪审员所占人数比例应当不少于三分之一。

第十三条【合议庭审判长的确定】 院长参加合议庭审理案件时，依法担任审判长。

副院长、审判委员会专职委员、审判委员会委员、审判执行综合业务部门正职编入相对固定合议庭，其参加合议庭审理案件时依法担任审判长。

执行局局长、副局长参加合议庭审查执行案件时，担任审判长。

审判执行综合业务部门副职直接编入合议庭并担任审判长。

其他合议庭的审判长从具有较强审判执行业务能力和组织管理能力、工作实绩突出的优秀法官中选任。

选任的审判长缺位时，由所在业务部门或法官管理部门提出建议，临时指定代理审判长。代理审判长代行审判长职权。

第十四条【委员合议庭】 审判委员会委员组成合议庭审理案件，按照合议庭审理案件时的程序办理。审判委员会委员可以组成三至七人的临时合议庭，审理重大、复杂、疑难案件。

第十五条【合议庭的职能任务】 合议庭除承担办案任务外，应同时承担调研和对基层法院进行对口业务指导等任务。

第十六条【合议庭成员的变更】 合议庭成员一般不得在案件审理过程中更换。如因特殊原因，确需要更换的，应报庭长决定，并通知审判管理办公室录入备案、说明理由。更换合议庭成员的，应当在做出变更决定做出后 3 日内通知当事人。特殊情况下，可由审判长在开庭时宣布合议庭成员的变更。

审判委员会委员合议庭的组成，由干部处和审判管理办公室根据每位委员的专业特长和办案需要统筹安排。

审理重大敏感案件，审判委员会委员合议庭的组成，由审判管理办公室提出方案后报院长审定。

第二节 合议庭的审判职权

第十七条【办案任务要求】 合议庭及其成员应当按照上级法院及本院考核规定，认真完成各项办案任务。

第十八条【司法礼仪要求】 合议庭成员在审理和执行案件过程

中，应当履行法定职责，遵守《中华人民共和国法官职业道德基本准则》中有关司法礼仪的要求。

第十九条【合议庭的审判职权】　合议庭作为审判组织，依法独立行使以下审判权：

（一）开庭审理案件、进行调解；

（二）根据当事人申请或案件情况，作出财产保全、行为保全、证据保全、先予执行等裁定；

（三）根据当事人申请或案件情况，决定延长举证期限、调查取证、委托评估、鉴定、勘验等程序事项；

（四）评议案件并作出裁判；

（五）制作裁判文书；

（六）决定和办理案件审判的其他事项。

第二十条【审判长的审判职责】　审判长依法履行以下审判职责：

（一）审阅案卷相关材料，掌握案情；

（二）决定是否开庭和开庭日期；

（三）组织合议庭确定案件审理方案、庭审提纲，协调合议庭成员的庭审分工；

（四）主持庭审活动；

（五）决定合议庭成员以外其他人员的回避，按规定权限决定案件审理中的有关程序事项；

（六）组织或委托案件承办法官组织诉讼调解；

（七）主持案件及有关程序事项的评议；

（八）审核并签发案件裁判文书；

（九）依法行使其他审判权力。审判长自己承办案件时，同时履行承办法官的职责。

第二十一条【审判长的审判监督职责】　审判长对主持审理的案件，依法履行以下审判监督职责：

（一）审定案件的委托评估、勘验、鉴定等事项；

（二）对本合议庭案件的裁判文书进行全面把关，对执行合议庭评议意见和审判委员会的决定情况进行审核；

（三）案件评议未形成多数意见的，有权组织复议，或按照相关规定提请专业法官会议讨论；

（四）案件评议时审判长持少数意见的，有权按照相关规定提请专业法官会议讨论。

第二十二条【审判长的审判管理职责】　审判长履行以下审判管理职责：

（一）决定本合议庭的办案计划或工作安排，检查督促工作进度，进行审限管理，确保本合议庭严格遵守审限和流程管理规定，审判工作规范、有序、高效运行；

（二）统筹管理、指导本合议庭司法辅助人员的工作；

（三）组织落实本合议庭承担的司法公开、司法统计、业务调研等工作任务；

（四）组织落实本合议庭或庭长指定案件的判后答疑、复查、督办案件回复、接访等工作，妥善化解矛盾；

（五）根据主管副院长、庭长的工作部署和安排，对下级法院进行业务指导；

（六）协助庭长和相关部门对本合议庭审判辅助人员进行工作管理和考核；

（七）收集、整理、总结案件审理中的重大、疑难、新类型、带有普遍性的法律适用问题，总结审判经验；

（八）完成院长、主管副院长和庭长交办的其他审判管理工作。

第二十三条【承办法官的审判职责】　承办法官履行下列职责：

（一）担任案件承办人，完成规定的办案任务数量；

（二）审阅案卷材料，熟悉案情，必要时制作阅卷笔录；

（三）主持或指导法官助理做好文书送达、庭前会议、庭前调解、证据交换等案件审理中的准备工作和辅助工作，并向合议庭报告情况；

（四）就当事人提出的管辖权异议及保全、鉴定、非法证据排除等提请合议庭评议，并先行提出处理意见；

（五）根据合议庭决定，指导法官助理办理或协助办理保全、鉴定等事项，并向合议庭报告情况；

（六）对当事人提交的证据全面审核并提出审查意见；

（七）拟定案件审理方案、庭审提纲，报审判长审定，或提请合议庭研究确定；

（八）本人担任审判长时，主持、指挥庭审活动；不担任审判长时，协助审判长开展庭审活动，履行庭审分工职责；

（九）无须开庭审理的二审案件，根据合议庭委托对当事人进行调查、询问；

（十）组织或受审判长委托组织诉讼调解；

（十一）参与案件评议，就案件的证据采信、事实认定、法律适用及处理结果等，提出明确、具体的意见；

（十二）案件需要提请专业法官会议或审判委员会讨论的，受合议庭委托向专业法官会议或审判委员会报告案件情况；

（十三）根据合议庭评议意见或审判委员会决定，制作裁判文书或指导法官助理起草裁判文书，并对裁判文书的格式、内容等制作质量负责；

（十四）严格执行审限制度，按规定及时办理审限延长、扣除报批事项；

（十五）依法行使其他审判权力。

第二十四条【合议庭其他法官和人民陪审员的审判职责】　合议庭其他法官和人民陪审员履行下列职责：

（一）参与阅卷，熟悉案情；

（二）参加案件开庭审理，协助审判长开展庭审活动；

（三）参加案件及有关程序事项的评议，对证据采信、事实认定、法律适用等，独立发表明确具体的意见；

（四）复核并签署裁判文书；

（五）依法行使其他审判权力。

第二十五条【法官助理的审判辅助职责】　法官助理履行下列审判辅助职责：

（一）签收案卷、办理案件的排期；

（二）指导当事人举证，协助法官完成庭前会议、证据交换等工作；

（三）协助法官组织庭前调解和诉讼中调解工作；

（四）协助法官调查取证；

（五）受法官指派或协助法官办理保全、鉴定、评估等工作；

（六）收集与案件审理相关的法律条文、司法解释、指导案例、裁判指引等参考资料，整理和分析案件涉及的有关法律问题；

（七）制作合议庭评议笔录；

（八）协助法官草拟法律文书；

（九）接待当事人；

（十）协助法官开展调研、审判流程管理等工作；

（十一）负责综合业务系统中的信息录入和相关流程的办理；

（十二）《法官助理职责手册》等本院及所在部门文件中规定的其他工作职责，法官交办的其他审判辅助性工作。

书记员缺位时，由法官助理代行书记员的职责。

第二十六条【书记员的审判辅助职责】　书记员履行下列职责：

（一）办理案件卷宗及相关材料的签收、移送、退卷等流转手续；

（二）告知当事人权利义务及诉讼注意事项，告知开庭时间、地点及审判组织组成情况，通知相关人员出庭参与诉讼；

（三）承担开庭前的准备工作；

（四）负责检查诉讼参与人出庭情况，宣布法庭纪律；

（五）担任案件合议笔录以外的其他记录工作；

（六）做好庭审的录音录像准备工作；

（七）校对、印制、送达相关法律文书（本院对送达工作另有规定时，从其规定）；

（八）整理、归档案卷材料；

（九）完成法官交办的其他事务性工作。

法官助理缺位时，由书记员代行法官助理的职责。

第三节 庭前准备

第二十七条【送达告知】 书记员根据不同的案件类型关于送达工作的要求，参照审判流程管理等相关规定，向当事人及其代理人、辩护人以及证人、鉴定人送达相关诉讼文书和开庭通知，并在完成送达后次日将送达情况告知承办法官。

第二十八条【管辖权异议处理】 对当事人提出的管辖权异议申请，承办法官应于7日内审查，10日内提交合议庭评议，15日内作出裁定。

（一）当事人对管辖权异议裁定不服提出上诉的，书记员应在2日内将上诉状副本送达对方当事人，并于送达后5日内将案卷材料通过机要办邮送省法院。

（二）管辖权异议成立的，书记员应于裁定生效之日起3日内办理案件移送手续。

第二十九条【庭前、议前阅卷】 承办法官应在开庭审理前审阅案卷材料，熟悉案情。其他合议庭成员应在开庭或评议前阅看主要案卷材料，掌握案情。

第三十条【刑事案件庭前会议】 刑事案件经合议庭评议决定，可以由审判长或承办法官主持召开庭前会议，听取控辩双方的意见，明晰争议焦点，确保庭审顺利进行。

当事人及其辩护人、诉讼代理人在开庭审理前申请排除非法证据的，合议庭对证据收集的合法性有疑问的，应当召开庭前会议。

具有下列情形之一的，可以召开庭前会议：

（一）证据较多，案情重大复杂的；

（二）社会影响重大，社会舆论关注的；

（三）控辩双方对事实、证据和法律程序问题存在较大争议，可能导致庭审中断的；

（四）根据案件实际情况，合议庭认为确有必要召开庭前会议的。

书记员应提前3日前通知公诉人及诉讼参与人参加庭前会议，书记员应作好会议笔录并由到会人员签名。

庭前会议的具体操作流程，按照《广东省高级人民法院关于刑事案件庭前会议操作办法》执行。

第三十一条【庭前调解】 可能通过调解解决的民事案件，承办法官应于签收案件之日起及时主持或委托法官助理主持调解，当事人达成调解协议并拟由法院出具民事调解书的，应提交合议庭审核评议。

第三十二条【庭前证据交换】 案件事实争议较大、证据繁杂的，可以进行庭前证据交换。庭前证据交换由法官助理主持，重大、疑难、复杂案件的证据交换，可由承办法官主持进行。

庭前证据交换主要包括：对证据材料原件进行核对，指导当事人展示、交换证据、明确、固定诉讼请求，进行初步质证，归纳无争议的事实和争议的焦点。

第三十三条【庭前调查】 对于庭前需要外出调查或委托外地法院调查的案件，承办法官应当及时办理。

第三十四条【开庭通知】 开庭时间由承办法官商审判长和合议庭其他法官后，由审判长确定。书记员应在开庭 3 日前通知当事人和其他诉讼参与人，并于开庭前 1 日将相关案件材料交书记员做好庭审记录准备。

（一）凡公开开庭的案件，均应于开庭 3 日前予以公告，公告内容包括案由、当事人的姓名或名称、开庭时间、地点。公告应当附卷存档。

（二）合议庭应按确定的开庭日期开庭，若因特殊情况不能如期开庭，应及时公示庭审取消信息，并通知相关人员。

（三）对被羁押的被告人，法官助理应将承办法官签署的提押票在开庭前 1 日交法警支队，在开庭前将被告人提押到开庭地点候审。法警支队应于开庭后 2 日内将提押票交法官助理存档。

第四节 开庭审理

第三十五条【开庭准备和记录】 书记员应提前 15 分钟做好开庭审理准备工作，包括法庭布置、查明诉讼参与人到庭情况、安排证人、鉴定人等候传唤等，并将准备情况报告审判长。

书记员应当作好庭审记录，完整、准确、客观地记录法庭审理的全部过程，同时对庭审过程进行录音、录像。一审案件开庭审理时，法官助理应出庭，指导、协助书记员作好庭审记录。

第三十六条【开庭审理的要求】 合议庭开庭审理时应当引导各方当事人围绕案件争议的焦点，对案件事实和法律适用进行充分陈述、辩论。采用速裁方式审理的，法官在不违反法律规定的情况下可简化审判流程。

第三十七条【书面审理的调查询问】 合议庭认为不需要开庭审理的二审案件，可以由承办法官或其他合议庭成员主持调查询问，由合议庭进行书面审理。书面审理的调查询问，原则上要通知当事人到场接受询问。

第三十八条【庭审记录的签名】 书记员应在庭审结束时或在诉讼法规定的期限内，将庭审笔录交给出庭参加诉讼的当事人和其他诉讼参与人阅读或向其宣读。上列人员如认为笔录有遗漏或差错的，有权申请补正。经承办法官同意补正后，由上列人员签名或盖章，并记明补正日期。

刑事案件的在押被告人，法警应待其阅读完笔录后再还押。

庭审记录在不违反法律规定的情形下，可以采取书面之外的方式。

第三十九条【庭审记录的移交确认】 书记员应于庭审笔录签名完毕后次日内将庭审笔录交承办法官。

合议庭成员、书记员应认真审阅庭审笔录并签名确认。

第五节 特定诉讼事务的处理

第四十条【诉讼中止或终结的评议】 案件审理过程中，发生诉讼中止或者终结事由的，合议庭应当及时评议，决定中止或终结诉讼。

第四十一条【刑事案件的补充侦查】 刑事案件需建议公诉机关补充侦查的，经合议庭评议后，由承办法官拟定补查提纲，由法官助理将建议补充侦查函以及补查提纲及时送达公诉机关。

第四十二条【审限延长办理】 合议庭审理案件必须严格执行审限制度。因特殊原因不能在审限内审结的，承办法官应在审限届满前按规定通过流程管理系统申请报批。按照法律规定应由上级法院批准延期的，书面申请应报庭长、主管副院长审查同意后报上级法院审批。上级法院的审批结果应录入系统并报审判管理办公室备案。

第四十三条【保全的处理】　法官助理应在收到当事人提交的保全、续封、续冻申请的次日将相关案件材料移交承办法官，提交合议庭评议。

合议庭在当事人提交保全申请后10日内（情况紧急的在48小时内）作出是否采取保全措施的裁定。裁定采取保全措施的，应立即开始执行。有明确的财产线索、能够通过鹰眼查控网执行的，合议庭在出具裁定书、协助执行通知书后，移交执行局，由执行局采取保全措施。

第四十四条【先予执行的处理】　当事人申请先予执行的，承办法官应于收到申请之日起5日内提请合议庭评议并作出裁定。裁定先予执行的，应于作出裁定的次日内编立执行案号，移交执行局执行。

第四十五条【保全和先予执行的异议处理】　以下情况由作出裁定的原合议庭于收到申请的5日内审查并作出裁决：

（一）被申请人提供担保申请解除保全；

（二）当事人对保全或者先予执行的裁定不服申请复议的；

被执行人、案外人对先予执行提出异议的，通过异议程序处理。

第四十六条【委托评估、勘验、鉴定等事项的审批和移交】　合议庭根据当事人申请或案件审理需要决定进行评估、勘验、鉴定等事项的，法官助理应于鉴定、评估材料齐备当日提交承办法官审查后报审判长审核。

审判长对上述事项审核批准后，法官助理将相关材料发送至审判管理办公室司法辅助组。审判长承办的案件，其审查后由法官助理直接发送至审判管理办公室司法辅助组。司法辅助组确认接收之日起，案件进入评估、勘验、鉴定期间，案件审限暂停计算。

第六节　合议庭评议及裁判

第四十七条【合议庭评议的内容】　合议庭评议主要包括以下内容：

（一）案件审理过程中需要合议庭议决的程序性事项；

（二）证据的认定和事实认定问题；

（三）本院《落实司法责任制工作指引》第六十一条规定的重大自由裁量事项；

（四）法律适用问题及案件的处理结果。

第四十八条【合议庭评议的期限】 审判长应及时安排合议庭评议案件，确保案件在规定期限内审结或执结。

合议庭评议案件一般应当在庭审结束后5个工作日内进行。当事人双方请求调解或因客观原因不能在规定期限内评议的，经审判长同意，可在审限内另行安排评议时间。

第四十九条【合议庭评议的流程】 合议庭评议由审判长主持，并依下列顺序进行：

（一）案件是否属于本院《落实司法责任制工作指引》第七十四条规定的应提请院长、副院长、庭长监督的案件；

（二）承办法官汇报案情，展示案件的证据，并对事实与证据的认定、事实与证据之间的内在关系、法律适用问题及案件的处理结果作出分析并发表明确具体的意见，然后依次由合议庭其他成员、审判长发表意见；

审判长作为承办法官时，由审判长介绍案情、展示案件的证据，并对事实与证据的认定、事实与证据之间的内在关系、法律适用等问题进行分析，但对案件的处理结果，最后发表意见；

（三）合议庭成员进行评议时，应认真负责、充分陈述意见、独立行使表决权，不得拒绝陈述意见或仅作同意与否的简单表态；同意他人意见的，也应提出事实根据和法律依据，进行分析论证；

（四）综合业务系统标识的“繁”案等重大、疑难、复杂案件，可以采取事实认定、法律适用分段评议的方式；

（五）属于本院《落实司法责任制工作指引》规定的重大自由裁量事项，应在合议中明确提出，对自由裁量的原则、方法、依据等阐述意见；

（六）经合议庭成员充分讨论并发表评议意见后，按少数服从多数原则由审判长归纳一致或多数意见，作为合议庭的决定，但少数意见应记录在案。

合议庭评议笔录由法官助理当场制作，合议庭成员及法官助理均应认真审阅并在笔录上签名。评议笔录应做到格式规范、内容完整、观点清晰、行文流畅、结论准确。

第五十条【及时裁决】　合议庭应当按照规定的权限，对形成一致或多数评议意见的案件及时作出判决或裁定。

第五十一条【提请专业法官会议讨论】　对于重大、疑难、复杂案件，合议庭有重大分歧意见的，审判长可以提请庭长召开专业法官会议讨论；涉及跨审判专业的，庭长可以提请主管副院长召开跨部门的联席专业法官会议讨论。

审判委员会委员参加合议庭或担任审判长审理的案件，参照前款规定执行。

第五十二条【专业法官会议讨论的效力】　专业法官会议对案件的处理意见或建议，供合议庭评议时参考。合议庭对案件处理结果负责。

第五十三条【复议】　专业法官会议对案件处理形成的意见与合议庭评议结果不一致的，合议庭应当复议一次。

第五十四条【提交审判委员会讨论】　对于法律、司法解释、上级法院或本院《审判委员会工作规则》规定应当提请审判委员会讨论的案件，合议庭评议后，应当先提交专业法官会议讨论，再由审判长依次报庭长、主管副院长提请审判委员会讨论。

第五十五条【保守审判秘密】　对合议庭、专业法官会议及审判委员会评议或讨论案件的内容，合议庭成员及其他参加讨论、记录的人员应严格遵守保密规定，保守审判秘密，不得泄露评议或讨论内容及相关工作信息。

第五十六条【裁判文书的制作与修改】　合议庭或审判委员会形成裁判结论后，承办法官应当及时制作裁判文书或指导法官助理起草裁判文书，合议庭其他成员均需审阅，并可以提出修改意见。对经审判委员会讨论决定的刑事案件，合议庭一般应于审委会决议作出之日起3个工作日内完成裁判文书的制作和签发；特别重大、疑难、复杂的，合议庭一般应于审委会决议作出之日起7个工作日内完成裁判文书的制作和签发；对立案、审监、民事、商事、行政案件，合议庭一般应于审委会决议作出之日起5个工作日内完成裁判文书的制作和签发；特别重大、疑难、复杂的，合议庭一般应于审委会决议作出之日起10个工作日内完成裁判文书的制作和签发。

审判长对裁判文书文稿进行审定，就文书格式、语言表达、内容提出修改意见或建议，并对裁判文书是否执行合议庭、审判委员会的决定进行审核。

合议庭成员对裁判文书的表述有较大分歧的，应当进行评议并记录。评议后仍未能形成多数意见的，由审判长决定。

第五十七条【裁判文书的签发】　裁判文书文稿由承办法官、合议庭其他成员依次签署后，由审判长签发。审判长作为承办法官的，由审判长最后签署并签发。

经审判委员会讨论决定的案件的裁判文书文稿，合议庭必须附审判委员会笔录，依次由承办法官、合议庭其他成员、审判长签署后报庭长审核。庭长根据审判委员会笔录核对无误后签发，并对文书结论与审判委员会决议的一致性负责。

由审判委员会委员参加合议庭或担任审判长审理的案件，且经审判委员会讨论决定的，裁判文书文稿必须附审判委员会笔录，依次由承办法官、合议庭其他成员、审判长签署后报院长或受院长委托的副院长审核。院长或受院长委托的副院长根据审判委员会笔录核对无误后签发，并对文书结论与审判委员会决议的一致性负责。

第五十八条【裁判文书的付印与校对】　除审判委员会讨论决定的案件以外，合议庭审理的案件经合议庭成员依次签署并由审判长签发后，裁判文书即可付印。

书记员负责裁判文书的付印与校对工作。裁判文书印刷完毕送达当事人之前，法官助理应将裁判文书报承办法官审查无误后再行送达。

第五十九条【禁止性规定】 除审判委员会讨论决定的案件以外，院长、副院长及庭长不得对未参加合议审理的案件的裁判文书进行签发。

依据法律、司法解释及本规则，院长、副院长、庭长必须履行相应程序性审批事项时对有关法律文书进行的审核或签发，不受前款规定限制。

第七节 自由裁量权的规制

第六十条【行使自由裁量权的范围】 法官（合议庭）在办理案件过程中，对下列情形依法行使自由裁量权：

（一）法律规定由人民法院根据案件具体情况进行裁量的；

（二）法律规定由人民法院从几种法定情形中选择其一进行裁量，或者在法定的范围、幅度内进行裁量的；

（三）根据案件具体情况需要对法律精神、法律原则或者条文进行阐释的；

（四）根据案件具体情况需要对证据规则进行阐释或者对案件涉及的争议事实进行裁量认定的；

（五）办理新类型案件缺乏法律法规和司法解释相关规定的；

（六）根据案件具体情况需要行使自由裁量权的其他情形。

第六十一条【重大自由裁量事项】 具有下列情形的，属于重大自由裁量事项：

（一）直接适用立法精神、法律原则对案件进行裁判的；

（二）法律法规司法解释无明确规定依自由裁量确定举证责任主体从而直接影响裁判结果的；

（三）审理新类型案件缺乏法律法规、司法解释、指导性案例、上级法院规范性文件和本院裁判指引的；

（四）审理重大社会影响、公众和媒体广泛关注的案件缺乏法律法规、司法解释、指导性案例、上级法院规范性文件和本院裁判指引的；

（五）其他具有特别重大争议的事项。

重大自由裁量事项，法官可向当事人或其代理人、辩护人释明并要求其提交类似案例或相关理论研究成果；当事人或其代理人、辩护人向法官提交类似案例或相关理论研究成果的，法官可以交由各方当事人或其代理人、辩护人发表意见，并认真研究是否具有可参考性。

第六十二条【自由裁量权的行使原则】　自由裁量权的行使，应当遵循以下原则：

（一）证据裁判原则。正确运用证据规则，从有利于查明事实和程序正当的角度，合理分配举证责任，全面、客观、准确认定证据的证明力，严格依照证据规则认定案件事实。

（二）符合立法原意原则。正确把握法律、法规和司法解释中除明确列举之外的概括性条款规定，确保适用结果尽量符合立法原意。

（三）利益平衡原则。综合考量各种因素，正确处理好公共利益与个人利益、人身利益与财产利益、生存利益与商业利益的关系，保护合法利益，抑制非法利益，努力实现法律效果与社会效果的统一。

（四）正当性原则。裁量事项对裁判结果有重大影响的，要在裁判文书中公开裁判理由，充分论述裁量结果的正当性和合理性，提高裁判文书的说理水平。

第六十三条【自由裁量权的行使方法】　自由裁量权的行使，应当综合运用以下方法：

（一）参照在先裁判。检索本院及上级法院已发生法律效力的类似案件，做到类似案件类似处理。但在先裁判因存在瑕疵等原因，不宜参照的除外。

（二）参考理论研究成果。检索并参考相关问题的理论研究成果，结合案情实际作出决定。

第六十四条【审级监督和审判监督中对一审、原审自由裁量事项的处理】　尊重一审、原审对自由裁量事项的处理，正确处理依法改判与维护司法裁判稳定性的关系。

（一）适用二审程序的案件，如无正当理由和充足依据，不得撤销或变更一审法院行使自由裁量权作出的裁判结果。

（二）适用再审程序的案件，一般不得撤销或变更原生效裁判作出的自由裁量。

第六十五条【不得行使自由裁量权的情形】 法官（合议庭）在办理案件过程中，对下列情形不得行使自由裁量权：

（一）法律法规相关规定明确具体的；

（二）司法解释相关规定明确具体的；

（三）最高人民法院指导性案例有类似情形的，但案件确有特殊情形的除外；

（四）上级法院规范性文件或本院裁判指引有明确规定的，但案件确有特殊情形的除外。

第八节 干预、过问案件办理的应对

第六十六条【领导干部干预司法活动、插手具体案件处理的情形】

领导干部有下列行为之一，属于干预司法活动：

（一）为当事人请托说情的；

（二）要求办案人员私下会见当事人或其诉讼代理人、辩护人、近亲属以及其他与案件有利害关系的人的；

（三）授意、纵容身边工作人员或者亲属为案件当事人请托说情的；

（四）为了地方利益或者部门利益，以听取汇报、开协调会、发文件等形式，超越职权对案件处理提出倾向性意见或者具体要求的；

（五）违反规定为案件当事人或者利害关系人转递涉案材料的；

（六）其他干预司法活动、妨碍司法公正的行为。

第六十七条【对领导干部干预司法活动、插手具体案件的记录与处理】 领导干部干预司法活动、插手具体案件处理的，法官应当做好记录并固定留存相关材料，按下列程序处理：

（一）记录内容。法官应当全面记录干预司法活动、插手具体案件处理情况，包括领导干部的姓名、单位、职务、所涉案件以及干预司法活动、插手具体案件处理的时间、地点、方式、内容等。有相关材料的，应当作为附件留存。

（二）记录时限。法官一般应当在2个工作日内记录领导干部干预司法活动、插手具体案件处理情况。确因特殊情况，本人不能及时记录的，应当报告监察督查室，由监察督查室代为记录，事后法官本人签名确认。

（三）记录材料的存卷与移送。法官在记录且签名确认后的3个工作日内将一份记录材料存入案件卷宗副卷，另一份同时送监察督查室，确因特殊情况，本人不能及时移送的，应当报告监察督查室，事后及时移送。

（四）记录材料禁止更改、外借。领导干部干预司法活动、插手具体案件处理的情况一经记录，任何人（包括记录人本人）不得涂改、转移、调换、隐匿、销毁记录材料。非因组织开展调查需要，严禁复印、外借。

第六十八条【本院领导干部及内部工作人员过问、干预案件的情形】 本院领导干部、工作人员有下列行为的，属于过问、干预案件办理：

（一）为案件当事人或其关系人打招呼、请托、说情。包括向办案人员提出关照案件一方当事人或其关系人的要求；向办案人员表达对案件的特别关注，明示或暗示案件一方当事人或其关系人与己有关；邀请办案人员与案件当事人或其关系人私下会见；为案件当事人或其关系人与办案人员私下接触创造条件、提供机会；以其他方式向办案人员表明为案件一方当事人或其关系人争取利益的立场。

（二）非正当履行职责为案件当事人或其关系人提供诉讼帮助。包括非正当履行职责或不依照正当程序为案件当事人或其关系人向办案人员批转、转递案件材料；非正当履行职责陪同案件当事人或其关系人向办案人员反映情况、陈述意见；非正当履行职责向案件当事人或其关系人透露不应公开或尚未公开的案件信息；非正当履行职责，以其他影响办案人员公正办案的方式为案件当事人或其关系人提供诉讼帮助。

（三）为案件当事人或其关系人充当掮客，利诱办案人员。包括邀请办案人员参加由案件当事人或其关系人支付费用的吃请、娱乐、旅游或其他消费活动；介绍办案人员或其近亲属接受案件当事人或其关系人馈赠的钱物、有价证券、购物优惠以及其他财产利益；介绍办案人员向案件当事人或其关系人借款或借用车辆、房产及其他物品，报销应由个人支付的费用；向办案人员转述案件当事人或其关系人关于分成、提成或其他利益的许诺；以其他方式对办案人员施以利益引诱或为案件当事人或其关系人贿赂办案人员提供帮助。

（四）利用职权或职务干预案件办理。包括向办案人员打探案情，打听不应公开或尚未公开的案件信息；代表案件当事人或其关系人就案件处理向办案人员提出意见；利用职权或职务的影响，暗示、逼迫或强令办案人员违背意志作出裁判意见或结论；其他超越职权、滥用职权干预案件，影响办案人员正常办案的行为。

（五）以其他足以影响办案人员公正办案的方式过问、干预案件办理。

第六十九条【对本院领导干部及内部工作人员过问、干预案件的记录与处理】 本院领导干部及内部工作人员过问、干预案件办理的，法官应当在3个工作日内填写《过问案件记录表》存卷表、送交表各一份，并将送交表报送本院纪检监察部门，有书面材料、视听资料等的，应作为记录附件，一并送交。

经本院纪检监察部门查实确为违反规定过问案件、干预案件办理的，办案人员应将《过问案件记录表》存卷表及过问干预案件的相关批示、函文、记录等资料和信息存入案件正卷备查。

第九节 报请院庭长监督的事项和案件

第七十条【直接裁判原则】 按照“让审理者裁判，由裁判者负责”的原则，除法定和本院规定须经审判委员会讨论决定或院、庭长审核审批的案件，合议庭有权直接裁决其审理、审查或执行的所有案件。

第七十一条【审判监督职责清单制】 院、庭长应按照各自的审判监督职权清单和职责范围，对合议庭履行审判监督职责，确保合议庭审判执行案件的依法、规范、公正、高效。

第七十二条【应当报请院长、副院长审批的事项】 下列案件审理中的程序性事项，合议庭评议后应报庭长先行审核签署明确意见后，报请分管副院长或院长审批：

（一）减、免交诉讼费；

（二）向上级法院请示变更案件管辖或依职权移送其他法院管辖；

（三）采取拘传、搜查、拘留、罚款等民事制裁措施的决定及复议决定；

（四）变更、解除强制措施的决定；

（五）审判人员的回避决定及复议决定；

（六）裁定不予受理、拒绝承认与执行或承认与执行外国和香港、澳门特别行政区的仲裁裁决；裁定不予受理、拒绝承认和执行或承认与执行外国法院的生效民事判决；裁定不予受理、不予认可与执行或予以认可与执行台湾地区法院的生效民事判决、民事调解书、支付命令；

（七）经审判管理办公室审核的合议庭延长审限申请；

（八）依照法律规定应当报请院长审批的其他程序事项。

第七十三条【应当报请庭长审批的事项】　下列案件审理中的事项，合议庭评议后应报庭长审批：

（一）受理破产案件的意见或裁定；

（二）确认取回权、抵销权、法定优先权成立的批复；

（三）许可破产管理人实施《企业破产法》第二十六条规定行为的批复；

（四）强制批准重整计划的裁定；

（五）终结破产程序的裁定。

第七十四条【提请监督的案件】　依据最高人民法院《关于完善人民法院司法责任制的若干意见》第 24 条规定，合议庭审理的下列案件应当提请监督：

（一）涉及群体性纠纷，可能影响社会稳定的

1. 重大集团诉讼案件、系列案件；

2. 对相关区域发展、行业经营和群体利益造成重大影响，可能引发重大群体性事件的案件；

3. 涉及少数民族宗教习俗的敏感案件。

（二）疑难、复杂且在社会上有重大影响的

1. 涉及国家外交、安全、邪教组织犯罪的案件；

2. 以市人民政府以上的行政机关为被告的案件（不动产登记行为、行政复议行为除外）；

3. 检察机关抗诉或提出检察建议的案件；

4. 有重大影响的涉外、涉港澳台案件；

5. 要求本院或同级司法机关国家赔偿的案件；

6. 厅（局）级以上的职务犯罪案件；

7. 当事人是市级以上人大代表、政协委员的案件或涉及媒体、社会知名人士、知名品牌和企业的案件；

8. 职务犯罪罪犯、破坏金融管理秩序和金融诈骗犯罪罪犯、黑社会性质组织犯罪罪犯的减刑假释案件。

（三）与本院或者上级法院的类案判决可能发生冲突的

1. 与本院或上级法院的已生效类案判决、待生效类案判决可能发生冲突的案件；

2. 与本院正在审理的其他同系列案件需要统一裁判标准的案件；

3. 被上级法院发回重审、指令审理或指令再审的案件。

（四）反映法官有违法审判行为或法官遇到干预过问情形的

1. 有关单位或个人反映法官有违法审判行为的案件；

2. 法官或合议庭遇到非法干预、过问的案件；

3. 引起舆论炒作、可能对案件裁判产生不当影响的案件。

第七十五条【提请监督的方式】 对上述条文所列需要提请监督的案件，审判长应当及时主动提请庭长、副院长监督。

对提请监督案件，应当作出“提请监督”的标识，并根据本规则设置相应节点、流程，由综合业务系统自动按监督节点、层级向副院长或庭长报告案件进展和评议结果。在综合业务系统未能自动识别、标识时，立案、分案人员及承办法官应当主动识别、标识。综合业务系统不能自动报告的事项，合议庭应通过书面方式，按监督节点、层级向副院长或庭长报告。

第七十六条【院庭长监督的方式】 庭长对提请监督的案件，应当先行提交专业法官会议讨论，再提请副院长监督。专业法官会议意见与合议庭评议结果不一致的，合议庭应当参考专业法官会议的主要意见进行复议，并将结果报庭长。

副院长对提请监督的案件，可以按程序直接提交审判委员会讨论，必要时可提请院长监督。

对要求本院或同级司法机关国家赔偿的案件，应先行提交本院赔偿委员会讨论决定。赔偿委员会主任认为需要提交审判委员会讨论决定的，应当提交审判委员会讨论决定。

院长、副院长、审判委员会专职委员及庭长在履行监督职责中不得擅自变更合议庭的决定。

第七十七条【统一裁判标准的特殊规定】　速裁庭独有的管辖异议、仲裁条款效力等案件的裁判标准统一，由速裁庭负责解决；速裁庭涉及其他民商业务庭的简单案件，应认真执行案件所属业务庭专业法官会议形成的裁判指引、会议纪要等裁判标准；对裁判标准有不同意见的，应提请案件所属业务庭召开跨部门的联席专业法官会议讨论，不能解决分歧的，报请速裁庭的分管副院长提请审判委员会讨论决定。

其他民商业务庭专业法官会议讨论与速裁庭承办的相类似或相关联的案件，可邀请速裁庭相关法官参加讨论。

速裁庭审理的系列案，裁判结论与现有裁判指引、会议纪要等裁判标准及本院生效裁判不一致的，应报本庭庭长提请制定该裁判标准的业务庭专业法官会议讨论；不能解决分歧的，报请速裁庭的分管副院长提请审判委员会讨论决定。

合议庭承办非所在审判业务庭的二审分流案件，合议庭意见与分流案件业务庭形成的处理意见相冲突的，应征询分流案件业务庭的意见，保持裁判标准统一，必要时可提交分流案件业务庭的专业法官会议讨论。

第十节　合议庭接受、配合监督指导

第七十八条【接受监督的方式】　合议庭、法官应当采取以下方式接受监督：

（一）出现应当报请审批的事由后，及时上报院长、副院长、

庭长；

（二）主动识别、标识提请监督案件，并按要求发送至院长、副院长、庭长；

（三）根据院长、副院长、庭长的要求，及时汇报相关案件的审限、程序进展、办案计划和进度；

（四）将相关案件信息按流程发送至院长、副院长、庭长；

（五）落实执行院长、副院长、庭长对案件程序性事项作出的审批意见；

（六）将需要提请院长、副院长监督的案件，以及需要提请审判委员会讨论的案件，在庭长审签后2个工作日内呈送院长、副院长；

（七）将院长、副院长、庭长认为需要提交专业法官会议或审判委员会讨论的案件，按规定提交专业法官会议、审判委员会进行讨论；

（八）对经审委会讨论决定的案件，在裁判文书印发后的15个工作日内，向审委办反馈决议的落实和执行情况；

（九）将院长、副院长、庭长的签署意见和有关文书入卷备查。

院长、副院长、庭长将相关监督职责委托或授权审委会专职委员、副庭长履行时，合议庭、法官应当按前款规定的方式接受其监督。

第十一节　廉政及纪律监督

第七十九条【共同确保办案质效】　合议庭成员应互相配合、互相监督，依法独立、公正行使审判职权，共同确保案件的质量和效果。

第八十条【合议庭成员互相监督义务】　合议庭在办案时，法官要自觉遵守法律、司法解释、法官职业道德和审判纪律的规定。

法官发现本合议庭其他成员有违反法律、司法解释、法官职业道德和审判纪律规定的司法不公正、不规范、不廉洁行为的，应及时予以提醒、劝阻；劝阻无效或情形严重的，应及时向院长、副院长、审判委员会专职委员、庭长和纪检监察部门反映。

第八十一条【对投诉举报的处理】　院长、副院长、审判委员会专职委员、庭长和纪检监察部门收到涉及法官违反法律或纪律规定的司法不公正、不规范、不廉洁的投诉举报或情况反映的，应按照相关规定及时组织调查核实，并根据以下情形予以处理：

（一）涉及案件程序方面的投诉举报或情况反映，院长、副院长、审判委员会专职委员、庭长、纪检监察部门经调查后发现法官确有司法不规范行为但情节较轻的，应及时予以提醒、制止和弥补，并予以批评教育。上述人员发现法官有较严重的司法不规范行为可能导致司法不公的，应依法依纪予以查处。

（二）涉及案件实体处理方面的投诉举报或情况反映，如案件尚未审结，院长、副院长认为确有必要的，可以更换承办法官或合议庭。如案件已经审结生效的，则按审判监督程序处理。

（三）涉及司法廉洁方面的投诉举报或情况反映，一经调查属实，严格依法依纪处理。

第八十二条【对依法监督的记录】　合议庭以外的人员因履职需要监督案件，合议庭应做好工作记录，将有关书面材料归档，并报审判管理办公室登记备案，必要时可将案件提交专业法官会议讨论。

第八十三条【自觉接受检查和处理】　合议庭成员必须严格遵守本规则的规定，自觉接受院监察督察室、审判管理办公室对执行本规则的检查，如故意违反本规则或因过失导致案件出现重大质量问题，将依本院有关规定处理。

第十二节　合议庭的其他工作制度

第八十四条【个性化合议庭运作模式】　积极探索符合审判规律的个性化合议庭运作模式。各合议庭可根据案件类别、法官专长及办案指标等特点对其成员进行审判、执行职责的划分，实行案件处理流程式、阶段式操作，充分发挥法官专长，不断拓宽办案渠道，切实提高审判执行工作质效。

第八十五条【对合议庭考核】　建立和完善能够科学反映各合议庭及法官的审判质效评估体系，对合议庭的审判质效、工作作风以及司法廉洁等情况进行考核。由职能部门依照有关规定采取常规考核和随机抽查等形式组织实施。考核结果作为评测合议庭和法官工作业绩、评先评优以及晋级晋职的重要依据。

第八十六条【审判长分析讲评机制】 建立和完善审判长对本合议庭工作的分析讲评机制。审判长应加强对本合议庭法官、法官助理、书记员以及其他审判辅助人员在审判质效、工作作风及司法廉洁等方面的分析讲评，通过理论学习、案例分析、数据统计等多种形式，深入查找工作中的存在问题，及时研讨有效措施，切实强化审判长的指导、监督、管理职能，不断提升本合议庭全体成员的司法能力和职业素养。

第八十七条【廉政回访制度】 建立和完善案件廉政回访制度。本院纪检监察部门应定期就案件承办法官的司法作风、廉洁纪律等情况，对当事人、代理人、辩护人及其他有关人员进行追踪回访，建立法官廉政档案，完善法官管理制度。

第三章 庭长的审判、管理与监督职责

第一节 庭长的审判职责

第八十八条【庭长参与合议庭审判】 庭长参与合议庭审判，其相关职责按照本指引第二章“合议庭的审判职责”的相关规定执行。

第八十九条【庭长承办案件有关事项审批、提请监督的处理】

庭长承办的案件，具有本指引第七十二条情形的，直接报请分管副院长或院长审批；具有本指引第七十四条情形的，直接提请分管副院长或院长监督。

第二节 庭长的审判管理职责

第九十条【庭长审判管理职责】 庭长依法履行以下审判管理职责：

（一）落实本院党组、审判委员会、院长、副院长的工作部署和要求，及时了解掌握本部门及各合议庭的审判质效情况，保持日常审判工作有序、高效运行；

（二）检查本部门各合议庭工作任务完成情况，对合议庭及法官的办案效率进行管理；

（三）根据本庭案件及合议庭情况，研究制定各合议庭之间的专业

化分工和案件分配规则，经主管副院长同意后报审判管理部门备案实施，有权按相关规定指定分配案件；

（四）定期或根据需要主持召开专业法官会议，讨论合议庭审理的重大、复杂、疑难案件，提出指导建议供合议庭参考；

（五）定期召开专业法官会议例会，听取各审判长关于本合议庭收、结、存案情况、系列案件审理情况、长期未结案件审理情况以及案件发改情况等，有针对性地采取审判管理措施；针对审判工作中反映的问题，总结审判工作经验，适时组织起草相关案件裁判指引，统一裁判标准，促进“类案同判”；

（六）定期组织两级法院对口部门业务工作会议，分析典型案例，研究法律适用，通报工作情况，交流审判经验；

（七）研究解决审判管理中遇到的重大问题，制定内部审判管理制度，完善、优化内部工作流程；

（八）根据案件情况和管理情况，提出调配本庭各合议制审判团队数量、人员配备的建议；对配置在本庭的审判辅助人员进行管理；

（九）配合有关管理部门做好案件评查工作，对评查中发现的问题及时组织和督促整改；

（十）组织做好本合议庭的业务调研、绩效考评、案例编报、司法统计、司法公开等工作；

（十一）代表本庭与本院其他部门、其他机关进行业务沟通协调；

（十二）管理与本庭审判工作有关的其他事务。

第九十一条【审判管理权的授权】　庭长可以授权副庭长履行相关审判管理职责。

第三节　庭长的审判监督职责

第九十二条【庭长的个案监督权限】　庭长的个案监督权限，仅限本指引第七十四条所列提请监督案件。本指引第一百五十四条第二、三款所列案件，与类案判决可能发生冲突的，庭长亦有权进行监督。

第九十三条【庭长个案监督权的行使方式】　庭长对属于自己监督权限范围内的案件，有权要求合议庭报告案件进展和评议结果，并提交专业法官会议讨论、提请副院长监督。

第九十四条【提请院长、副院长监督应签署明确意见】 对需要提请审判委员会讨论的案件，以及其他需要提请院长、副院长监督的案件，庭长应当签署明确意见。

第九十五条【对合议庭提请监督案件无异议的处理】 除提请院长、副院长监督的案件外，庭长对属于自己监督权限范围内的案件，对案件审理过程或者评议结果无异议的，应于3个工作日内签署“无异议”的监督意见，并反馈合议庭。

第九十六条【程序性事项的审核、审批】 对本指引第七十二条、第七十三条规定应当由院长、副院长、庭长审批的事项，庭长应当在3个工作日内审核签署明确意见，需要报请分管副院长、院长审批的，应当报请分管副院长、院长。

第九十七条【建议列入督办程序】 在履行监督职责过程中，庭长认为必要的，可以提请分管副院长、院长进行督办。

第九十八条【经审委会讨论案件的文书审核】 对经过审判委员会讨论决定的案件的裁判文书文稿，庭长应当进行审核签发，确保文书结论与审判委员会形成的决议一致。

第九十九条【监督权的必要保障】 庭长在履行监督职责过程中，可以要求合议庭汇报案情及评议结果，必要时可调阅庭审视频、查阅案卷。

第一百条【监督权的授权】 庭长可以授权副庭长履行相关审判监督职责。

第一百零一条【监督权行使的程序要求】 庭长行使特定案件监督权，应当遵循下列程序规范：

（一）采用书面方式，或在工作系统平台上运行，运行流程信息公开；

（二）签署的意见、文字修改及有关文书入卷备查。

第四章 院长、副院长的审判、管理与监督职责

第一节 院长、副院长的审判职责

第一百零二条【院长、副院长参与合议庭审判】 院长、副院长

参与合议庭审判，其相关职责按照本指引第二章“合议庭审判职责”的相关规定执行。

第一百零三条【副院长承办案件有关事项审批、提请监督的处理】

副院长承办的案件，具有本指引第七十二情形的，依程序或报请院长审批；具有本指引第七十四条情形、需要提请院长监督的，直接提请院长监督。

第二节　院长、副院长的审判管理职责

第一百零四条【院长、副院长的审判管理权配置】　院长及院长授权副院长依法行使以下审判管理权：

（一）指导全院或专项审判工作，根据情况决定召开全院性或专业性审判工作会议，对审判工作进行部署，组织制定审判工作计划、要点、方案等，签署由此产生的相关文件，对部署和文件的落实进行检查督促；

（二）开展工作调研、听取工作汇报，根据了解掌握的审判工作及案件信息，召开工作协调会、讨论会或作出指示，对日常审判工作进行指挥调度、组织协调、检查督促等管理；

（三）针对审判工作中反映的问题，组织研究制定相关裁判指引、工作规范，统一某类案件的法律适用标准和裁判尺度，加强工作的规范化管理；

（四）及时了解掌握审判工作态势，对分管范围内的案件和人员调配提出建议，完善相关工作制度，优化内部管理流程，提高审判运行效率；

（五）主持审判委员会会议，研究讨论审判工作的重大问题和重大疑难案件，总结审判工作经验；

（六）检查相关业务部门、相关合议庭的审判工作任务完成情况，对办案计划、工作安排等作出指示、进行调度，协调不同部门的工作配合问题，督促落实工作部署、提高办案效率；

（七）主持法官考评委员会，对法官的工作绩效进行考评；

（八）统筹组织协调本院重大审判活动；

（九）代表本院与其他机关进行业务沟通协调；

（十）管理全院与审判工作相关的其他事务。

第一百零五条【审判管理权的授权】　院长可以授权副院长履行相关审判管理职权，副院长可以委托协助其工作的审判委员会专职委员，代行相关审判管理职权。

第三节　院长、副院长的审判监督职责

第一百零六条【院长、副院长的个案监督权限】　院长、副院长的个案监督权限，仅限本指引第七十四条所列提请监督案件。本指引第一百五十四条第三款所列案件，与类案判决可能发生冲突的，院长、副院长亦有权进行监督。

第一百零七条【院长、副院长个案监督权的行使方式】　院长、副院长对属于自己监督权限范围内的案件，有权要求合议庭报告案件进展和评议结果、提交审判委员会讨论。

第一百零八条【启动督办程序】　院长、副院长在履行监督职责过程中，有权根据发现的问题、庭长的报请或相关部门提出的意见，决定启动案件督办程序，对个案开展督办。

第一百零九条【对合议庭提请监督案件无异议的处理】　院长、副院长对本指引第七十四条所列案件，除提请审判委员会讨论的外，对案件审理程序和合议庭的意见无异议的，应于3个工作日内签署“无异议”的监督意见，并反馈合议庭。

第一百一十条　【经审委会讨论案件的文书审批权】　对审判委员会委员参加合议庭或担任审判长审理的案件，且经审判委员会讨论决定的案件的裁判文书文稿，院长或受院长委托的副院长应当对裁判文书进行审核签发，并确保文书的结论与审判委员会形成的决议一致。

第一百一十一条【审批程序性事项】　对本指引第七十二条规定应当由院长、副院长审批的程序性事项，在3个工作日内依法审批有关法律文书。

第一百一十二条【监督权的必要保障】　在履行监督职责过程中，院长、副院长以及受委托的审判委员会专职委员可以要求合议庭汇报案情及评议结果，必要时可调阅庭审视频、查阅案卷。

第一百一十三条【审判监督权的授权】 院长可以授权副院长履行相关监督职责，副院长可以委托协助其工作的审判委员会专职委员，代行相关审判监督职权。

第一百一十四条【监督权行使的程序规范】 院长、副院长行使案件监督权，应当遵循下列程序规范：

（一）采用书面方式，或在工作系统平台上运行，运行流程信息公开；

（二）遵守流程管理规定的时限，及时处理；

（三）书面批示、意见及相关文书应入卷备查。

第五章 关于执行工作的特殊规定

第一节 执行实施案件的立案与分案

第一百一十五条【立案】 对已经发生法律效力的本院一审民商事、刑事附带民事、刑事财产刑、行政等判决、裁定和调解书，以及本院有管辖权的仲裁裁决，当事人申请执行或审判部门移送执行的，应当依法立案执行。

第一百一十六条【财产查询】 案件在《人民法院执行案件流程信息管理系统》立案后，由本院审判管理办公室将案件分配到速控团队，速控团队应当安排法官（执行）助理负责提起被执行人财产、人员等事项的网络查询。

第一百一十七条【通知送达】 速控团队应制作查封、冻结、扣押被执行人不特定财产的执行裁定书和执行通知书、报告财产令、财产申报表等文书，并在立案后 10 日内将执行通知书、报告财产令，财产申报表向被执行人送达。

第一百一十八条【财产控制】 网络查询反馈被执行人财产、人员信息后，速控团队应将查询结果打印附卷，并根据反馈的财产情况分别处理：

（一）对于能够通过鹰眼查控系统实施查封、冻结等控制性措施的，速控团队原则上应当在查询结果反馈汇总后48小时内通过鹰眼查控系统提起查封、冻结；

（二）对于不能通过鹰眼查控系统实施查封、冻结等控制性措施的，速控团队应当及时作出任务指令，连同相关执行法律文书一并交由外勤执行实施人员对相关被执行人财产实施查封、冻结、扣押等措施。该项工作应当在查询结果反馈后10个工作日内完成。

第一百一十九条【繁简分流】　速控团队在控制被执行人财产后，根据财产控制的反馈结果，对案件进行繁简分流：

（一）在速控期间被执行人已经履行完毕或者与申请执行人达成执行和解并履行完毕的案件，转由快执团队办理结案；

（二）仅有存款、股票等能够快速变现的财产，或者没有可供执行财产或者执行和解尚未履行完毕的案件列为快速执行案件，退回审判管理办公室，随机分配快执团队办理；

（三）对于在深圳市范围内仅有红本产权证书房产需要处分且由深圳市内法院首位查封的案件，列为速拍案件，退回审判管理办公室分配速拍团队办理；

（四）其他案件为普通执行案件，退回审判管理办公室随机分配普执法官（执行员）办理。

第一百二十条【快速执行】　快执案件按下列情况处理：

（一）对于仅有存款、股票等能够快速变现的财产，且财产足以全部清偿本案债务的，在财产变现、清结执行款项后，以执行完毕的执行裁定书予以结案；

（二）对于没有可供执行财产或仅有快速变现财产、变现后仍不足清偿全部债权的案件，在完成纳失信、限制高消费、办理边控或限制出境等情况下，制作终结本次执行程序执行裁定书予以结案；

（三）对于申请执行人与被执行人达成执行和解分期履行、且履行期限较长的案件，制作终结本次执行程序执行裁定书予以结案；

（四）被执行人自动履行，或者与申请执行人达成执行和解并履行完毕的案件，以执行完毕的执行裁定书予以结案。

第一百二十一条【普通执行】　普执案件按下列情况处理：

（一）对于可供执行财产，在完成处置后，财产足以全部清偿本案债务的，在清结执行款项后，以执行完毕的执行裁定书予以结案；

（二）对于可供执行财产变现后仍不足清偿全部债权的案件或无可供执行财产案件，在完成纳失信、限制高消费、办理边控或限制出境等情况下，制作终结本次执行程序执行裁定书予以结案；

（三）对于申请执行人与被执行人达成执行和解分期履行、且履行期限较长的案件，制作终结本次执行程序执行裁定书予以结案；

（四）对于行为执行的案件，在完成相关执行行为后，制作执行完毕执行裁定书予以结案；

（五）对于依法应当驳回执行申请的案件，制作驳回执行申请执行裁定书予以结案；

（六）其他依法应终结本次执行程序的案件，在完成纳失信、限制高消费、办理边控或限制出境等情况下，制作终结本次执行程序执行裁定书予以结案。

第一百二十二条【财产申报处罚】　对于被执行人没有按规定申报财产或申报不实的，承办人员应提请合议庭合议依法给予罚款或拘留处理。

第二节　财产保全实施案件的立案和分案

第一百二十三条【立案】　当事人、利害关系人提起的保全申请由立案、审判业务部门审查，符合财产保全要求的保全申请，由立案、审判业务部门合议庭制作采取财产保全措施的裁定以及相关查封、冻结担保财产和被保全财产的协助执行通知书，附《保全实施财产清单》，由立案庭在《人民法院执行案件流程信息管理系统》中立“执保”字案号。

第一百二十四条【分案】　立案庭立“执保”字案号后，将卷宗材料移送审判管理办公室随机确定办理“执保”字案件的承办人员。

随卷移送的法律文书应同时移送电子文档并加盖电子印章。

第三节　执行异议、复议、监督案件的立案和分案

第一百二十五条【执行异议、复议、监督案件的立案】　对执行

异议类案件采取预审查制度，由执行法官（执行员）将执行异议及执行行为的相关材料移送执行监督处审查。经审查，符合立案条件的，移送本院立案庭立案。立案庭立案后移交审判管理办公室随机分案，确定案件承办法官及合议庭。

执行监督案件在决定立案前，应先立执行信访案件予以审查，经审查认为原执行行为可能存在错误应予纠正的，应当报执行监督处领导审批，移送本院立案庭立案。立案庭立案后移交审判管理办公室随机分案，确定案件承办法官及合议庭。

当事人对基层法院的执行异议裁定申请复议的，应向基层法院提交书面复议申请及相关证据材料，基层法院经审查符合受理条件的，将相关材料及执行异议案件卷宗移送本院立案庭立案。立案庭立案后移交审判管理办公室随机分案，确定案件承办法官及合议庭。

第一百二十六条【不予立案】 执行异议、案外人异议案件不符合立案条件的，监督处将相关材料退回执行法官（执行员），由执行法官（执行员）向异议人说明情况。

第一百二十七条【其他案件的受理】 执行信访、督办、协调、指定执行等事宜，由执行局办文人员对是否受理提出拟办意见，报监督处领导审批。

第一百二十八条【听证前准备】 执行异议、复议和监督案件，承办法官应在案件受理后 3 日内安排调阅执行案卷。调阅执行案卷的时间可不计入审理期限。

决定听证调查的案件，承办法官应在听证前审阅案卷材料，熟悉案情。其他合议庭成员应在听证或评议前阅看主要案卷材料，掌握案情。

第四节 合议庭（法官、执行员）的职权配置

第一百二十九条【具有审判权属性案件的合议制】 执行工作中具有审判权属性的案件实行合议制，即由法官组成合议庭办理。

第一百三十条【具有行政审批属性案件参照合议制与审批制】具有行政审批属性的执行实施权力运行实行审批制。对重大事项，参照合议制模式，由 1 名审判长（执行长）、2 名法官（执行员）合议后作

出决定；对其他事项，由法官（执行员）作出决定。决定作出后，按本章规定的文书签发权限报请审批、签发文书。

第一百三十一条【执行案件合议庭的职权】　合议庭履行下列职权：

（一）评议案件；

（二）按照权限对案件及其有关程序性事项作出决定或提出意见；

（三）对财产处分、分配、执行债权的清偿作出裁定或提出意见；

（四）执行审判委员会决定；

（五）制作裁判文书；

（六）办理案件的其他有关事项。

第一百三十二条【执行监督案件承办法官的审签权限】　执行监督案件的承办法官，可自行签发以下文书：

（一）听证传票、提押票；

（二）限期举证（答辩）通知书；

（三）委托调查函、委托送达函；

（四）协助查询通知书，查封、扣押、冻结被执行人财产的协助执行通知书；

（五）其他程序性事项的通知或公告。

第一百三十三条【执行监督案件审判长的审签权限】　执行监督案件审判长可签发下列文书材料：

（一）通知书、调查函、督办函、调卷函；

（二）驳回执行异议裁定书；

（三）驳回执行复议请求裁定书；

（四）驳回案外人异议裁定书；

（五）恢复执行审查案件中作出的轮侯查控冻执行裁定书、协助执行通知书、告知情况通知书；

（六）信访、监督类案件转办函，报告案件执行情况通知书；

（七）恢复执行案件审查表；

（八）执行异议、复议案件、案外人异议案件准予撤回异议、复议或按自动撤回异议处理的裁定书。

第一百三十四条【执行实施案件承办法官（执行员）的审签权限】

执行实施案件承办法官（执行员）可自行签发下列文书：

（一）执行通知书，恢复执行通知书；

（二）查封、扣押、冻结、划拨、拍卖、变卖被执行人非特定财产的执行裁定书，财产报告令；

（三）传票，提押票，听证通知书，举证通知书，准予延期听证通知书，准予延期举证通知书；

（四）委托调查函，委托送达函，商请移送执行函，移送执行通知书，转交参与分配申请书函；

（五）协助查询通知书，查封、扣押、冻结被执行人财产的协助执行通知书，扣划银行存款通知书，查封、扣押、冻结、划拨财产通知书，查证结果通知书；

（六）履行到期债务通知书，限期追回财产通知书；

（七）评估、审计、鉴定移送表，参加摇珠通知书，选定评估、拍卖机构通知书，审计、评估结果通知书，评估报告复核通知书，拍卖通知书，拍卖结果通知书；

（八）产权异议公告，变卖公告，因当事人下落不明的送达公告；

（九）第二次司法网络拍卖移送表，流拍后的变卖移送表，流拍后的抵债通知书；

（十）执行拘留通知书；

（十一）恢复拍卖通知书；

（十二）其他程序性事项的通知或公告。

第一百三十五条【执行实施案件合议庭审判长（执行长）的审签权限】 执行实施案件审判长（执行长）可签发下列文书：

（一）拍卖公告；

（二）解除保全担保财产的执行裁定书与协助执行通知书；

（三）债务履行完毕解除对被执行人财产控制措施的执行裁定书与协助执行通知书；

（四）500 万元以下（含本数）的执行款划款通知书；

（五）执行完毕的结案裁定文书及结案审批表；

（六）终结执行的结案裁定文书及结案审批表；

（七）续控函、案件执行完毕的撤控函；

（八）执行财产分配方案；

（九）执行异议、案外人异议案件移送审批表；

（十）本院规定的其他与执行实施案件审判长（执行长）审签权限相适应的法律文书。

审判长（执行长）所承办案件的上述第（四）、（五）、（六）项文书应由处长审签。

第一百三十六条【处长、副局长担任承办人时的审签权限】 处长、副局长作为执行实施案件承办人的，除依照本章规定可由承办法官（执行员）自行签发的文书外，应将文书报具有上一级签发权限者签发。

第五节 报请院、局、处长审批的事项

第一百三十七条【应当报请处长审批的事项】 下列文书应报请处长签发：

（一）拍卖、变卖、以物抵债或转移权属的执行裁定书与协助执行通知书；

（二）案件执行完毕之前当事人申请解除对被执行人财产控制措施的执行裁定书与协助执行通知书；

（三）强制执行对被执行人负有到期债务第三人财产的执行裁定书；

（四）500 万元以上（不含本数）1000 万元以下（含本数）的执行款划款通知书；

（五）委托拍卖合同、暂缓（停止）拍卖通知书；

（六）终结本次执行程序的结案裁定文书及结案审批表；

（七）审判长（执行长）所承办案件的结案裁定文书及结案审批表；

（八）控制、处分执行担保人财产的执行裁定；

（九）追究擅自处分被查封、扣押、冻结财产责任人、擅自解除冻结款项造成后果的金融机构、擅自支付收入、股息或办理股权转移手续的有关单位赔偿责任的执行裁定；

（十）因案外人提供担保解除被执行人财产控制措施的执行裁定书；

（十一）悬赏执行决定或悬赏执行公告，纳入失信被执行人名单、限制消费的决定；

（十二）符合司法解释规定删除失信被执行人名单信息，撤销、纠正失信被执行人名单信息；其他特殊原因删除失信被执行人名单信息；

（十三）驳回执行申请的执行裁定书、执行回转的执行裁定；

（十四）移送公安机关侦查函；

（十五）是否受理执行异议、执行监督案件；

（十六）变更或撤销执行行为的裁定；

（十七）变更或撤销基层法院执行异议裁定；

（十八）终结、中止执行异议、复议或监督案件审查的裁定；

（十九）执行信访案件、督办案件的处理意见，指定执行、指定执行裁定书；

（二十）执行监督函；

（二十一）依照执行监督程序作出的驳回执行监督请求的文书；

（二十二）支持案外人异议的裁定；

（二十三）拘留、罚款决定的复议案件，经审查复议理由不成立维持原决定的；

（二十四）变更合议庭审批表；

（二十五）其他应由院、局领导签发以外的函、报告。

第一百三十八条【应当报请副局长批准或签发的事项】　下列事项或文书，经处领导审核后报请副局长批准或签发：

（一）案件未执行完毕的撤控函；

（二）1000万元以上（不含本数）5000万元以下（含本数）的执

行款划款通知书；

（三）案件指定执行、提级执行报告；

（四）报请上级法院进行协调或请示的报告；

（五）回复上级法院案件执行情况或监督情况的报告；

（六）重大信访、督办案件的处理意见；

（七）主管副院长（或局长）授权签发的其他文书或审批的其他事项。

第一百三十九条【应当报请主管副院长（或局长）批准或签发的事项】　下列事项或文书，逐级报请主管副院长（或局长）批准或签发：

（一）边控对象呈批表、限制或解除限制出入境执行裁定书；

（二）拘传票、搜查令及拘留、罚款等民事制裁决定书；

（三）变更、解除强制措施之决定、裁定或通知书；

（四）申请延长执行期限审批表；

（五）根据院长授权对执行人员的回避决定及复议决定；

（六）清场、移交动产、不动产等重大外勤行动方案与协调以及重大敏感案件强制实施行为的方案报告及法律审查意见；

（七）强制迁出房屋或强制退出土地的公告；

（八）5000 万元以上（不含本数）的执行款划款通知书；

（九）有权机关督办案件或在本市有重大影响的案件的有关报告、处理意见及其裁决文书；

（十）院审管办督办案件答复呈批表、报请院审委会讨论呈报表；

（十一）执行过程中其他重大事项的决定。

第一百四十条【应当报请院长签发的事项】　按照法律、司法解释及有关规定应由院长签发的文书，由主管副院长（或局长）审核签注意见后报院长签发。

第一百四十一条【重新研究或复议】　院长、主管副院长（或局长）、副局长、处长对属于自己审批权限的事项的处理决定有不同意见的，可以径行改变决定内容，也可以以书面形式提出明确、具体的意见，要求重新研究或复议。

第六节　关于参照适用

第一百四十二条【参照适用】　具有审判权属性，必须由法官组成合议庭行使的权力，本章未作特殊规定的，参照适用本指引第二章、第三章、第四章的规定。

对于需要提交专业法官会议、审判委员会讨论的案件及相关事项，适用本指引第六章、第七章的规定。

第一百四十三条【特别规定】　深圳前海合作区人民法院、深圳市龙华区人民法院、深圳市坪山区人民法院的执行实施工作，按照《深圳市中级人民法院关于执行员执行实施职权配置的规定（试行）》确定的范围和程序开展。

第六章　专业法官会议运行规范

第一节　专业法官会议职能

第一百四十四条【专业法官会议的性质】　专业法官会议是在确保合议庭依法独立行使审判权的前提下，根据审判执行工作需要设立的发挥法官业务专长、为合议庭办案提供法律意见的业务咨询和交流平台。

第一百四十五条【专业法官会议主要职能】　专业法官会议的主要职能为：

（一）讨论研究合议庭审理的重大、疑难、复杂案件，讨论研究专业领域的法律适用问题以及其他与审判执行业务有关的问题；

（二）总结审判工作经验，统一裁判尺度，指导实践工作；

（三）对拟提请审判委员会讨论研究的案件先行审查过滤，为审判委员会决策提供参考意见；受审判委员会委托对法律适用疑难问题进行论证，提出咨询意见；

（四）促进本业务部门法官之间和各业务部门之间审判信息交流，提高法官司法能力。

第二节　专业法官会议组织

第一百四十六条【专业法官会议的设置】　专业法官会议原则上按照审判业务部门设置，即一个审判业务部门设置一个专业法官会议。执行局只设置一个专业法官会议。

第一百四十七条【专业法官会议的组成人员】　各专业法官会议由相应业务部门庭长、各合议庭审判长以及由庭长确定的其他员额法官组成。主管副院长、审判委员会专职委员参加专业法官会议讨论时，是专业法官会议的当然组成人员。

第一百四十八条【跨部门的联席专业法官会议】　根据本院审判工作需要，各审判业务部门可提议召开跨部门的联席专业法官会议。

跨部门的联席专业法官会议由相关部门主管副院长、审判委员会专职委员、专业法官会议组成人员及具有相应业务专长的法官参加。

第一百四十九条【专业法官会议的召集人】　各审判业务部门专业法官会议的召集人为所属业务部门的庭长。执行局的专业法官会议召集人为执行局副局长。庭长或执行局副局长因故不能召集的，可以委托一名副庭长或执行业务处处长召集。

跨部门的联席专业法官会议的召集人为讨论议题所属业务部门的主管副院长或执行局局长。

第一百五十条【专业法官会议秘书】　各专业法官会议设一名秘书，由庭长指定，负责专业法官会议的事务性工作。秘书和跟案法官助理列席会议并负责会议记录。

第三节　专业法官会议召集人、成员、秘书的工作职责

第一百五十一条【专业法官会议召集人的主要职责】　专业法官会议召集人的主要职责：

（一）定期或根据审判执行工作需要组织召开专业法官会议；

（二）主持专业法官会议，讨论研究案件或事项；

（三）根据成员履职情况调整专业法官会议成员名单；

（四）定期总结、通报专业法官会议运行情况。

第一百五十二条【专业法官会议成员的主要职责】 专业法官会议成员的主要职责：

（一）遵守专业法官会议工作纪律，按照召集人的要求按时参加专业法官会议；

（二）认真听取案件或事项汇报，并根据法律法规、司法解释、法学理论等，结合审判实践经验，客观、公正、独立地发表意见；

（三）签署会议记录，确认所发表的意见。

第一百五十三条【专业法官会议秘书的主要职责】 专业法官会议秘书的主要职责：

（一）收集拟安排上会讨论的案件或事项，进行形式审查；

（二）按照召集人的要求，通知参会成员；

（三）会前向专业法官会议成员发送会议材料；

（四）整理校对专业法官会议记录，起草咨询意见，并提交与会成员和召集人签署确认；

（五）跟踪合议庭对专业法官会议咨询意见的复议；

（六）形成连续完整的专业法官会议档案，定期移交档案管理部门存档；

（七）每月向审判管理办公室报送当月专业法官会议纪要表。

第四节 专业法官会议的讨论范围

第一百五十四条【应当提交专业法官会议讨论的案件】 下列案件应当提交专业法官会议讨论：

（一）提交审判委员会讨论的案件

法律、司法解释或上级法院及本院规定应当提请审判委员会讨论的案件，应当先经专业法官会议讨论。

（二）特定结果案件

1. 拟判处死刑缓期执行的案件、本院一审拟判处或二审拟改判为管制或缓刑的刑事案件；

2. 合议庭评议时审判长持少数意见，建议提请专业法官会议讨论的案件；

3. 合议庭有重大分歧意见不能形成决定的案件；

4. 处理结果可能产生较大社会影响的案件；

5. 一审经基层法院审判委员会讨论，二审拟改判、发回重审的案件。

（三）特定情形案件

1. 以本市各区人民政府、市直行政机关为被告的民事案件；

2. 对审判执行工作具有指导意义的新类型案件；

3. 经本院审判委员会讨论决定再审的案件；

4. 指令下级法院再审或提审的案件。

（四）法律适用类案件

1. 根据本院《落实司法责任制工作指引》规定的重大自由裁量事项或存在法律适用难题的案件；

2. 基层法院就法律适用问题报送的请示案件。

（五）主管副院长、庭长认为应当提交专业法官会议讨论的其他案件。

合议庭承办非所在审判业务庭的分流案件，合议庭意见与分流案件业务部门形成的处理意见相冲突的，应征询分流案件业务部门的意见，保持裁判标准统一，必要时可提交分流案件业务部门的专业法官会议讨论。

一审拟判处缓刑或二审拟改判为缓刑的刑事案件，在提交专业法官会议讨论前，应征询主管副院长意见。主管副院长认为与本院或上级法院的已生效类案判决、待生效类案判决存在冲突的，应当参加专业法官会议讨论或提交审判委员会讨论。

第一百五十五条【应当提交专业法官会议讨论的事项】　下列事项应当提交专业法官会议讨论：

（一）传达贯彻上级法院和本院有关审判执行的工作部署；

（二）学习讨论法律法规、司法解释、业务文件及指导性案例等；

（三）讨论研究审判执行工作中的新情况、新问题；

（四）总结交流审判执行领域的裁判思路、调解方法、工作经验等；

（五）通报上级法院和本院审监程序发改案件情况；

（六）指导协调日常办案、业务管理中的具体问题；

（七）其他与审判执行业务及审判管理工作有关的事项。

第五节　专业法官会议的议事程序

第一百五十六条【专业法官会议例会制度】　专业法官会议实行例会制度，因工作需要可以随时召开，但原则上每月至少召开一次。

第一百五十七条【专业法官会议讨论前合议庭的准备工作】　合议庭提请专业法官会议研究讨论案件，应报庭长同意。准予上会的案件，承办法官应将案号及案由等基本信息报内勤处登记排期，并安排法官助理按照会议成员人数准备案件上会材料，于会前1日由书记员发至参会人员预览。上会材料包括汇报提纲、原审裁判文书、重要证据复印件等。紧急案件经庭长同意后可优先上会。

合议庭可根据庭长的要求，提交拟上会讨论案件的有关书面材料，或进行简要情况介绍，以便庭长召集和主持会议。

第一百五十八条【专业法官会议的主持人】　专业法官会议由庭长主持，庭长因故不能主持的，可以委托一名副庭长主持。

主管副院长、审委会专职委员参加会议的，由主管副院长或审委会专职委员主持。

专业法官会议主持人应充分保障各成员自主发表意见，及时归纳争议焦点，引导全体成员围绕焦点深入展开探讨，认真总结与会人员达成的共识；同时签署会议记录，确认咨询意见。

第一百五十九条【不同部门联合召开专业法官会议的召集】　相关审判业务部门联合召开的专业法官会议，由庭长协商并提请有关主管副院长召集。主管副院长认为必要时，可以协调召集跨部门的专业法官会议。

第一百六十条【专业法官会议的主持人】　提交专业法官会议讨论的案件书面材料的主要内容，应包括需讨论研究的问题、争议焦点、合议庭意见及理由、相关法条、指导案例、学术界和实务界观点、类案参考判例等。提交专业法官会议讨论的事项书面材料的主要内容，应包括需讨论研究的问题及相关说明、承办部门的意见及理由、相关参考资料等。

第一百六十一条【专业法官会议讨论案件程序】 专业法官会议讨论案件按以下程序进行：

（一）承办法官介绍案情及需要讨论的焦点问题、合议庭意见及分歧；

（二）承办法官所在合议庭的审判长进行补充介绍；

（三）参会人员向承办法官展开询问；

（四）按承办法官所在合议庭的审判长、其他法官、其他审判长、庭长、主管副院长的顺序发表意见和阐述理由；

（五）专业法官会议成员发表意见后，不进行表决，会议主持人归纳总结会议形成的主要意见和其他意见。

第一百六十二条【专业法官会议的出席人数要求和列席人员】

专业法官会议应有全体成员三分之二以上出席方可召开。成员因故不能参加会议的，应在会前向会议召集人请假。

提交讨论案件或事项所在合议庭的审判长应参加会议。有相应业务专长的法官可以应邀列席专业法官会议。

第一百六十三条【专业法官会议讨论案件的回避】 专业法官会议讨论案件，依法实行回避制度。具有下列法定回避情形的审判（执行）人员，应当自行回避，不参加专业法官会议对该案件的讨论：

（一）是本案当事人或者当事人、诉讼代理人的近亲属；

（二）本人或者其近亲属与本案有利害关系的；

（三）担任过本案的证人、鉴定人、勘验人、辩护人、诉讼代理人的；

（四）与本案的诉讼代理人、辩护人有夫妻、父母、子女或者同胞兄弟姐妹关系的；

（五）本人与本案当事人之间存在其他利害关系，可能影响案件公正处理的。

第一百六十四条【专业法官会议成员地位平等】 各专业法官会议成员地位平等，成员在会议上依法履行职责时发表的意见不受追究。

第一百六十五条【专业法官会议意见的效力】　专业法官会议讨论案件形成的意见，不具有约束力，仅供合议庭参考。但专业法官会议讨论案件形成的主要意见与合议庭评议结果不一致的，合议庭应当复议一次。合议庭采纳专业法官会议意见造成裁判错误的，由合议庭依照相关规定并按照相关法定程序承担责任，专业法官会议成员不承担责任。

专业法官会议讨论的案件，经合议庭复议仍与专业法官会议讨论的主要意见不一致的，或专业法官会议难以形成主要意见的，按本院有关规定可由庭长提议、主管副院长决定是否提请审判委员会讨论。

第一百六十六条【专业法官会议记录、存档、备案】　专业法官会议讨论过程应当全程留痕，记录员应全面记录讨论过程及发表的意见，全体参会人员应在会议记录上签名确认，形成的咨询意见由主持人签署确认。

专业法官会议的会议记录原件应归入卷宗副卷。秘书应建立专业法官会议专项档案，保存会议记录的电子文档及复印件。

专业法官会议讨论案件或事项的会议纪要表，每月应报审判管理办公室备案，定期汇总在本院内部公示。

第一百六十七条【专业法官会议意见附报审判委员会】　经专业法官会议讨论的案件或事项提请审判委员会讨论时，应附专业法官会议的会议记录，供审判委员会委员参考。审判委员会在讨论过程中，专业法官会议的主持人应当在合议庭或相关部门汇报后，专门汇报专业法官会议的咨询意见或作相应的补充说明。

第一百六十八条【邀请综合审判业务部门派员参加】　专业法官会议讨论有关法律适用统一的问题时，可邀请研究室、审判管理办公室等相关部门派员参加，对会议讨论总结的审判工作经验、法律适用裁判指引、典型案例等，应及时形成调研材料供合议庭参考。

第六节　专业法官会议的其他规定

第一百六十九条【具有指导意义案件的处理】　专业法官会议讨论案件具有指导意义的，可以由会议主持人依程序提请审判委员会讨论发布参考性案例或总结裁判规则，并向上级法院推荐作为指导性案例或参考性案例。

第一百七十条【专业法官会议的保密】 各专业法官会议主持人、成员、秘书、记录员应严格遵守保密规定，保守审判秘密，不得泄露会议讨论的内容及相关工作信息。

第七章 审判委员会运行规范

第一节 审判委员会职能与组织

第一百七十一条【审判委员会职能】 审判委员会是本院最高审判组织。其任务是总结审判执行工作经验，讨论决定重大、疑难、复杂案件的法律适用问题以及与审判执行工作有关的其他事项。

第一百七十二条【审判委员会的主持】 审判委员会会议由院长或院长委托的副院长主持，议事和讨论案件实行民主集中制原则。审判委员会委员应当客观、公正、独立、平等地发表意见。

第一百七十三条【专业委员会的设置】 根据本院审判执行工作需要，审判委员会分设刑事行政专业委员会（以下简称“刑专会”）和民事执行专业委员会（以下简称“民专会”）。

第一百七十四条【专业委员会的组成】 专委会组成人员根据审判委员会委员的专业分工确定，组成人数应当超过审判委员会全体委员的半数。

各专委会委员名单相对固定。除部分委员需参加两个专委会外，其余委员原则上固定参加其中一个专委会，如有本部门或其分管部门的案件或议题上会讨论时，可参加该专委会会议并行使表决权。

院长可以参加所有专委会会议并行使表决权。

第一百七十五条【审判委员会办公室】 审判委员会设立办公室作为日常办事机构。审判委员会办公室（以下简称“审委办”）的职责是，负责处理审判委员会的日常事务，督促检查审判委员会决定的执行情况，落实审判委员会交办的其他事项。

第二节 审判委员会职责

第一百七十六条【应当提请审判委员会讨论决定的案件】 下列

案件应当提请审判委员会讨论决定：

（一）涉及国家外交、安全和社会稳定的重大复杂案件；

（二）拟判处死刑立即执行的案件、本院拟宣告无罪的案件、拟层报最高人民法院核准在法定刑以下判处刑罚或者本院一审拟免予刑事处罚、二审拟改为免予刑事处罚的案件；

（三）本院院长对本院已经发生法律效力的裁判文书发现确有错误，认为需要再审的案件；

（四）再审合议庭拟作出再审改判或发回重审且合议庭有重大分歧的案件；

（五）原生效裁判经本院审判委员会讨论决定，再审拟改判或发回重审的案件；

（六）人民检察院提起抗诉的刑事案件，但本院合议庭、庭长、专业法官会议、主管副院长一致同意支持检察院抗诉意见的除外；

（七）与上级法院或经本院审判委员会讨论决定的类案判决可能发生冲突的案件；

（八）拟就法律适用问题向上级法院请示的案件；以本院名义作出批复的下级法院关于法律适用问题的请示；

（九）认为案情重大、复杂需报请移送上级法院审理的案件；

（十）报请信访终结的案件；

（十一）按规定应当报请最高法院审查决定的案件。

第一百七十七条【可以提请审判委员会讨论的案件】 具有下列情形的案件，在报请庭长、主管副院长或院长审核同意后，可以按规定程序提请审判委员会讨论：

（一）被上级法院发回重审、指令审理或指令再审的案件；

（二）在参考专业法官会议意见后合议庭对法律适用问题仍有分歧的疑难复杂案件；

（三）合议庭意见拟判处死刑缓期二年执行的案件；

（四）涉及法律适用问题的新类型案件；

（五）案涉法律适用问题没有规定、规定不明确或在审判实践中需要统一法律适用标准的案件；

（六）拟决定本院、同级司法机关国家赔偿的案件；

（七）检察机关提出检察建议的案件；

（八）社会高度关注或当事人矛盾激化的督办案件；

（九）案件处理结果可能产生重大社会影响的案件；

（十）其他需要提交审判委员会讨论的重大疑难复杂案件。

第一百七十八条【审判委员会的审判监督权】 审判委员会依法行使以下审判监督权：

（一）讨论决定当事人对院长提出的回避申请；

（二）讨论决定启动案件再审审查程序；

（三）讨论认定案件是否属于问题案件；

（四）讨论决定审判人员是否承担违法审判责任；

（五）讨论决定下级法院关于法律适用问题请示的答复；

（六）讨论基层法院审判委员会对市中院改判结果有异议提请审查的案件；

（七）对合议庭的裁判意见行使否决权、指令合议庭补充调查或重新评议；

（八）案件审理中其他需要监督的事项。

第一百七十九条【审判委员会的审判管理权】 审判委员会讨论决定下列审判管理事项：

（一）总结带有全局性、指导性、典型性的审判执行工作经验；

（二）研究解决审判执行工作及审判管理中的重大问题，讨论相关决议或审判管理制度、审判管理规范等文件；

（三）听取审判态势分析报告，讨论通过审判执行工作的重大部署或重大管理措施；

（四）讨论决定涉及统一类案裁判标准的典型案例、参考案例、裁判指引等审判业务规范；

（五）听取审判委员会决议的落实情况报告。

第一百八十条【审判委员会全体会议讨论决定的案件】 下列案

件应当由审判委员会全体会议讨论决定：

（一）涉及跨专业的综合性案件或影响特别重大的案件；

（二）经评查拟认定为有严重质量问题的案件；

（三）审判委员会专业委员会无法形成决议的案件。

第一百八十一条【审判委员会全体会议讨论决定的议题】　下列议题应当由审判委员会全体会议讨论决定：

（一）审判态势分析报告、审判执行工作部署；

（二）有关审判执行工作的制度或规范；

（三）典型案例或审判实践中形成的跨专业领域的裁判指引；

（四）审判人员应否承担违法审判责任；

（五）对院长提出的回避申请；

（六）专业委员会无法形成决议的议题。

第一百八十二条【审判委员会专业会议讨论决定的案件】　除须由审判委员会全体会议讨论决定的案件外，其他案件均由审判委员会专业委员会讨论决定。

第一百八十三条【审判委员会专业会议讨论决定的议题】　下列议题应当由审判委员会专业委员会讨论决定：

（一）以本院名义作出批复的下级法院关于法律适用问题的请示；

（二）各专业领域的裁判指引或工作规范。

第三节　审判委员会委员的职责

第一百八十四条【审判委员会委员的职责】　审判委员会委员的职责：

（一）遵守审判委员会工作纪律，按时出席审判委员会会议，认真听取汇报，发表评议意见，郑重、公正行使表决权，会议表决时不得弃权；

（二）独立承办或参与合议庭审理案件；

（三）贯彻落实审判委员会的决定。

第一百八十五条【审判委员会专职委员的职责】　审判委员会专职委员的职责：

（一）根据院长授权，对拟提交审判委员会讨论的案件进行审查；

（二）通过庭审评查、参加专业法官会议或案件协调会等方式指导审判执行业务工作；

（三）参加或组成合议庭审理案件；

（四）主持或参与案件质量评查、裁判文书评选、总结审判执行工作经验；主持或参与业务调研；

（五）完成院领导交办的其他与审判执行业务相关的工作。

第一百八十六条【审判委员会专职委员审查案件后的处理】 专职委员根据院长或主管副院长授权审查案件后，视案件具体情况分别做出如下处理：

（一）召集合议庭成员交换意见，提议合议庭复议或补充案件材料；

（二）提出审查意见，报请主管副院长审定。

专职委员在审查案件过程中发现的其他问题，应向审判执行业务部门提出，审判执行业务部门须认真研究。

第一百八十七条【审判委员会主持人的职责】 审判委员会主持人的职责：

（一）负责审判委员会委员的考勤审批；

（二）调整审判委员会讨论案件或议题的顺序；

（三）充分保障各位委员自主发表意见，及时归纳争议焦点，引导全体委员围绕焦点深入展开探讨，认真归纳总结审判委员会讨论的案件或议题的结论。

第四节 审判委员会委员参加合议庭审理案件

第一百八十八条【审判委员会委员审理的案件范围】 审判委员会委员可以审理或参加合议庭审理下列案件：

（一）在本辖区内有重大社会影响的案件；

（二）重大、疑难、复杂案件；

（三）法律适用具有指导意义的案件；

（四）对审判执行工作具有指导意义的新类型案件；

（五）院长认为有必要由委员审理的其他案件。

第一百八十九条【审判委员会委员参与案件审理的合议庭组成模式】　审判委员会委员组成合议庭审理案件，可以全部由审判委员会委员组成并由承办案件的委员担任审判长，也可以与非审判委员会委员的法官组成并担任审判长。

第一百九十条【委员合议庭的组成与变更】　委员合议庭的组成，由干部处和审管办根据每位委员的专业特长和办案需要实行个案指定制度，重点审理特别重大、疑难、新类型和在法律适用方面具有普遍指导意义的案件。

委员合议庭确定后，如因回避或其他特殊原因需要调整的应当书面报院长审定。

审判长在案件审理过程中，认为案件影响重大，或适用法律疑难，需要变更为委员合议庭审理的，应当书面报院长审定。

第一百九十一条【避免时间冲突】　审判委员会委员参加合议庭审理案件，庭审时间应当避免与审判委员会例会时间冲突。

第一百九十二条【委员合议庭审理案件原则上不再提请审判委员会讨论】　审判委员会委员参加合议庭审理的案件，原则上不再提请审判委员会讨论，按少数服从多数原则作出处理决定。但法律、司法解释或上级法院规定应当提请审判委员会讨论的案件除外。因案情重大、疑难或复杂确需审判委员会讨论的，应当报院长审定。

审理案件的委员在审判委员会讨论时享有表决权。

第一百九十三条【审判委员会委员的办案任务】　审判委员会委员应当作为承办法官每年办理一定数量的案件。主持或参加专业法官会议、审判委员会、协调督办重大敏感案件、接待来访、指挥执行等事务应当计入工作量，纳入岗位绩效考核，但不能以此充抵办案数量。

第一百九十四条【委员合议庭的经验总结任务】　审判委员会委员参加合议庭审理案件应当注意总结审判工作经验，规范、指导审判工作。

第五节　上会材料的提交

第一百九十五条【承办法官会前信息与材料录入】　提请审判委员会讨论的案件或议题，除涉密案件外，承办法官应当于会前三个工作日向本院审判委员会业务系统录入有关信息并上传相关汇报材料，包括呈报表、简要汇报提纲、审理报告及附件等。

第一百九十六条【案件审理报告或议题书面报告的要求】　案件审理报告应格式规范，客观、全面反映案件事实、证据及双方当事人或控辩双方的意见，明确提请审判委员会讨论的具体问题、法律适用问题、合议庭的争议焦点、分歧意见和拟作出裁判的内容，还应附相关的法律条文或图表说明。法律关系复杂或重大、疑难案件，承办法官应当制作 PPT 等形式的演示文稿。

审判长和合议庭成员对案件事实负责，提出的处理意见应写明有关法律依据。

审理报告由合议庭成员共同署名。案件经专业法官会议讨论的，还要说明讨论意见及合议庭是否采纳的情况。

非案件类议题，承办部门应提交议题的草案及对草案的主要内容、调研与起草过程、征求意见等方面的说明材料，并附明确的部门意见。书面报告应格式规范、简洁明了。

第一百九十七条【提请讨论程序】　需提请审判委员会讨论的案件或议题，按以下程序进行：

（一）合议庭评议后由承办法官撰写审理报告依次报审判长、庭（处）长签署；

（二）庭（处）长决定召开专业法官会议讨论；经讨论后形成或未能形成倾向性意见的案件，讨论笔录均应作为附件一并呈报审判委员会；

（三）审管办对呈报案件或议题是否属于审判委员会讨论范围进行形式审查。对不符合上会要求的案件或议题，由审委办予以退回或建议承办部门修改。

第一百九十八条【会议排期】　准予上会的案件或议题，审委办应当登记，并根据提交报告的时间顺序进行排期。遇紧急情况时，由承办部门主管副院长（执行局局长）建议，经会议主持人同意后可优先上会。

第一百九十九条【会前通知】 除涉密案件外，审委办应将会议安排于会前三个工作日通知参会委员并在审判委员会业务系统录入有关信息。

第二百条【审判委员会委员提前审阅材料】 审判委员会委员对于提请审判委员会讨论的案件或议题，应当提前审阅审理报告或议题有关材料，了解合议庭对案件事实、证据的认定和对法律适用的意见，并根据需要调阅庭审视频或查阅案卷。

第六节 审判委员会会议制度

第二百零一条【审判委员会例会制度】 审判委员会根据存案情况原则上每周四召开例会。因特殊情况需要增、减会议或者改期的，由院长或院长委托的副院长决定。

审判委员会全体会议的召开由院长决定。

第二百零二条【召开审判委员会的人数要求】 审判委员会全体会议应有全体委员半数以上出席方可召开；专委会应有专委会全体委员三分之二以上出席方可召开。

第二百零三条【审判委员会委员因故请假】 审判委员会委员应按时参加会议。委员因故不能参加会议的，应于会前一日向会议主持人请假，并告知审委办。

审判委员会业务系统自动汇总委员出勤情况，供全体委员参考。

第二百零四条【审判委员会与专业委员会的主持】 审判委员会全体会议由院长主持，或由院长委托一名副院长主持。刑专会由院长委托主管刑事审判工作的副院长主持。民专会由院长委托一名副院长主持。

第二百零五条【应当列席审判委员会的人员】 审判委员会讨论案件时，承办法官及承办部门负责人应当列席会议；讨论再审案件时，原审案件承办法官应当列席会议；讨论追究错案责任或拟认定有质量问题的案件时，审监庭和监察室负责人应当列席会议。

审判委员会讨论其他议题时，承办人及承办部门的负责人应当列席会议。

第二百零六条【检察长列席审判委员会】 审判委员会讨论下列案件，可以邀请市人民检察院检察长列席会议，检察长不能出席的，可委托其他副检察长或检察委员会专职委员列席会议：

（一）拟驳回抗诉案件；

（二）拟对被告人宣告无罪的刑事案件；

（三）拟对被告人免于刑事处罚的刑事案件；

（四）拟在法定刑以下判处刑罚的案件。

第二百零七条【可以列席审判委员会的人员】 下列人员可以列席审判委员会会议：

（一）院纪检组组长、政治部主任、监察室主任；

（二）专业法官会议成员；

（三）院长或者受院长委托主持会议的副院长决定的其他有必要列席的人员。

第二百零八条【审判委员会讨论程序】 审判委员会讨论案件或议题按照下列程序进行：

（一）案件或议题的汇报由承办法官负责，承办部门负责人、主管副院长（执行局局长）依次作补充，其他列席人员经主持人同意后可以补充发言；

（二）委员就案件或议题内容展开进一步询问；

（三）委员按照任职资历由低到高的顺序发表意见；

（四）主持人归纳委员意见，进行表决，形成决定。

第二百零九条【审判委员会委员补充书面意见】 审判委员会委员可在讨论后三个工作日内就自己已经发表的意见进行书面补充，并说明理由。审委办收到书面补充意见后应立即向会议主持人报告并视情况进行处理。

第二百一十条【多次提请审判委员会讨论的案件或议题】 多次提

请审判委员会讨论的案件或议题应保持一致性和连贯性。首次讨论被安排在专委会的案件或议题，再次讨论亦应被安排在相同的专委会。首次讨论被安排在全体会议的案件或议题，再次讨论亦应被安排在全体会议。但经专委会讨论无法形成决议需提请全体会议讨论的案件或议题除外。

第二百一十一条【审判委员会委员的回避】　审判委员会讨论案件，依法实行回避制度。具有法定回避情形的审判委员会委员，应当自行回避，不参加审判委员会对有关案件的讨论；当事人（被告人）也可以申请审判委员会委员回避相关案件的讨论。

第七节　审判委员会的决定

第二百一十二条【审判委员会全体会议决定的形成】　审判委员会全体会议的决定应经全体委员的半数以上通过方为有效。

第二百一十三条【到会委员表决后不能形成决议的处理】　对于经专委会表决未形成决议的案件或事项，先征求该专委会未到会委员的意见。经征求意见后能形成决议的，按照决议中的多数意见作出裁判；经征求意见后未形成决议的，则征求全体会议中除该专委会委员以外其余委员的意见，已发表意见的委员不再征求意见。如征求意见后能形成决议的，按照决议中的多数意见作出裁判，不再提请全体会议讨论。如征求意见后仍未形成决议的，则提请全体会议讨论决定。

对于拟判处死刑立即执行，或是案情重大、法律关系复杂，处理结果影响重大、社会媒体高度关注的案件，经专委会表决未形成决议的，该专委会可决定，径行提请全体会议讨论。

上会案件在征求意见过程中，审管办应将案件的审理报告、讨论笔录等书面材料呈报相关委员，必要时应协助委员查阅或调取卷宗等案件资料。

第二百一十四条【专委会决定的形成】　刑专会讨论死刑立即执行案件或拟作无罪判决的案件，应当按照该专委会全体委员的三分之二以上的多数意见形成决议。专委会讨论的其他案件或事项，按照该专委会到会委员的三分之二以上多数意见形成决议，且持多数意见的委员人数必须超过该专委会全体委员的半数。

需征求专委会未到会委员意见的案件，按照该专委会全体委员的三分之二以上多数意见形成决议。需征求全体会议未到会委员意见的案件，按照全体会议委员的半数以上意见形成决议。

第二百一十五条【审判委员会决定的效力】 专委会的决定即为审判委员会的决定。对于审判委员会的决定，合议庭必须服从，不得擅自改变决定内容。

案件经审判委员会讨论决定后，当事人申请撤诉、撤回上诉或达成调解协议的，合议庭应当形成书面材料重新向审判委员会报告。

第二百一十六条【发现新事实新证据时审判委员会复议】 合议庭在裁判前又发现新的事实和证据足以影响案件的处理结果的，应报院长或主管副院长将案件提请审判委员会复议。

第二百一十七条【决定请示或协调案件的审判委员会复议】 经审判委员会决定请示或需与上级法院或有关部门沟通协调的案件，上级法院或有关部门批复或答复后，承办法官应当制作补充审理报告及时向审判委员会报告。批复或答复意见与本院审判委员会意见不一致的，由合议庭复议后提出处理意见报审判委员会复议。

第二百一十八条【要求合议庭复议】 审判委员会不同意合议庭意见的案件，可以要求合议庭补充调查或重新评议。

第二百一十九条【审判委员会会议的记录与签署】 审判委员会的会议记录，是对案件或议题讨论过程的原始记录。所有参加讨论和表决的委员应当在审判委员会会议记录上署名。审委办工作人员应在会后及时制作、送签、发放、归档，以便案件按期顺利审结。

第二百二十条【委员合议庭文书签署】 审判委员会委员担任审判长的案件，合议庭形成一致意见的，裁判文书或调解书由承办法官、合议庭其他成员、审判长依次签署后付印。

第二百二十一条【审判委员会讨论决定案件的裁判文书签署】

经审判委员会讨论决定的案件的裁判文书文稿，合议庭必须附审判委员会笔录，依次由承办法官、合议庭其他成员、审判长、庭（处）长签署后付印。庭（处）长仅对裁判文书的结论是否符合审判委员会的决议承担责任，不因签署裁判文书承担错案责任。

由审判委员会委员参加合议庭或担任审判长审理的案件，且经审判委员会讨论决定的，裁判文书文稿必须附审判委员会笔录，依次由承办法官、合议庭其他成员、审判长、院长或受院长委托的副院长（执行局局长）签署后付印。院长或受院长委托的副院长（执行局局长）仅对裁判文书的结论是否符合审判委员会的决议承担责任，不因签署裁判文书承担错案责任。

第八节　保密和档案制度

第二百二十二条【审判委员会档案】　审判委员会档案包括上会材料、审判委员会决议及笔录，上述材料必须加盖审判委员会档案专用章，盖章后的档案一份移送业务部门附卷，另一份归入审判委员会专项档案予以保存。

第二百二十三条【审判委员会保密制度】　审判委员会记录以及依照法定程序尚未公开或不宜公开的情况和事项属审判工作秘密。审判委员会委员、列席人员、工作人员违反保密纪律泄露审判工作秘密并造成严重后果的，按照有关规定追究责任。

第八章　审判管理部门的审判事务管理规范

第一节　审判事务管理

第二百二十四条【态势分析与资源调配】　审判管理办公室应密切关注收案、结案的变化和人力资源配置情况，加强动态预警研判，定期发布审判态势分析报告。在相关情况波动幅度较大时，应及时提出分流案件、调整人员等的资源调配建议，确保部门、法官间人案平衡。

第二百二十五条【审限延长审核】　审管办负责审限延长审核管理，督促清理长期未结案件。审判管理办公室收到审判庭庭长发送的延长审限申请后，在 2 个工作日内作出审核决定。

第二百二十六条【长期未结案件管理】　对长期未结案件，审判管理办公室除做好院长、副院长、纪检组长的督办事务管理外，还应根据长期未结案件数量的增减情况，每半年发布一次分析报告，为院庭长开展督办、决策提供参考依据。

第二百二十七条【大要案处置预案审核与处置方案的组织实施】

审判管理办公室应于收到各部门大要案处置预案 3 个工作日内对该预案进行初步审核，并根据案件的具体情况和工作需要，提请牵头院领导召集联席会议；如需本院其他部门协同识别部门处置的，应通知相关部门在指定期限内报送处置预案。审判管理办公室根据联席会议结论或报送的处置预案形成处置方案，逐级呈报本部门负责人、牵头院领导审批后，下发本院各相关部门组织实施。审判管理办公室对相关部门报送的处置情况或结果进行汇总整理后，及时向牵头院领导汇报。

第二百二十八条【拟定重大敏感案件委员合议庭的组成方案】

审理重大敏感案件，审判委员会委员合议庭的组成，由审判管理办公室提出方案后报院长审定。

第二百二十九条【指导编撰典型案例】　审判管理办公室定期整理审判委员会讨论的案例，加强典型案例的日常编选组织工作。对在法律适用、裁判方法、纠纷处理等方面有典型性、示范性、指导性的案例，应指引有关业务部门、法官撰写典型案例评析，印发全市法院参考。必要时，可组织召开专业法官会议进行讨论，决定是否纳入全市法院参考性案例库。

第二百三十条【规范性文件及裁判指引汇编】　审判管理部门要加强法律法规、司法解释、上级法院规范性文件及本院裁判指引的收集、整理、分类、汇编工作，协同信息技术部门提供网络发布、存储、检索服务，为法官办理案件过程中查找相关依据和指引提供方便。

第二百三十一条【指导性案例汇编】　审判管理部门要加强指导性案例、上级法院以及本院参考性案例的收集、整理、分类、汇编工作，协同信息技术部门建立分层次、分类型的案例库，并提供网络发布、存储、检索服务，为法官办理案件过程中查找相关案例提供方便。

第二百三十二条【审判质量管理】　审判管理办公室对办案质量进行评估和监督，组织开展案件质量评查、裁判文书质量评查、庭审评查、发改案件质量监控等工作。

第二百三十三条【审判绩效管理】 设定和完善案件质效指标体系，评估审判工作绩效，对可能存在审判绩效责任、审判瑕疵责任的情况进行审核并提出初步处理意见。

第二节 督办事务管理

第二百三十四条【督办案件范围】 督办案件主要包括以下几类：

（一）上级或同级党政机关以及上级法院来文、来函的案件；

（二）全国、省、市人大代表、政协委员直接向本院提出监督意见和建议，经审查符合督办条件的案件；

（三）根据审判权运行机制改革关于内部监督机制的相关规定，由院长、副院长、纪检组长提起督办的案件。

第二百三十五条【督办登记】 审判管理办公室在收到督办来文后，于次日内在业务系统进行初始登记，登记内容包括：收文日期、来文单位、来文编号、来文内容摘要、领导批示等。

第二百三十六条【督办事务办理方式】 审判管理办公室办理督办事务可以采取以下形式：

（一）交办。将注明有督办要求、办理期限、报告或答复方式等内容的《督办通知》，连同材料转至承办单位，由承办单位按时报告或答复办理情况或结果。

需几个部门共同办理的督办案件，确定主办部门和协办部门，分别向各个部门发送《督办通知》，并根据实际情况，做好协调工作。

（二）自办。对个别紧急事项，经院长授权，审判管理办公室可以直接办理。

第二百三十七条【拟办意见】 审判管理办公室在初始登记后1个工作日内提出拟办意见，拟办意见包括承办单位（主办单位、协办单位）、办理时限和工作要求。

拟办意见应报审核：

（一）督办案件或事项的拟办意见应报审判管理办公室分管院领导批示；

（二）重大督办案件或事项应报院长批示。

第二百三十八条【发送督办通知】 拟办意见经批准后，审判管理办公室向承办单位或部门发出《督办通知》。

对特急件、急件，审判管理办公室应在拟办意见确定的当天向承办单位发送《督办通知》；对平件，应在拟办意见确定后的1个工作日内向承办单位发送《督办通知》。特急件和急件应在《督办通知》的右上角加盖“特急件”或“急件”印章。

第二百三十九条【督办件的移送】 承办单位认为督办事项不属自己职责范围的，应于收文后2个工作日内向审判管理办公室说明情况，将材料退回，不得自行转办或搁置。

第二百四十条【督办事务的催办】 审判管理办公室负责督办案件的跟踪催办。为确保督办件的按时办结，在承办单位办理过程中，督办事务管理人员可根据不同情况，采取听取口头、书面汇报或现场督办等形式进行催办。催办过程应记录备查。

第二百四十一条【督办报告的审核】 督办事务管理人员应于收到承办单位、部门的督办报告后3个工作日内完成复核，并发送审判管理办公室主任审批。审判管理办公室主任应于收到督办报告后次日内审批，并发送督办主管院领导签发。需院长签发的，应发送给院长。若督办报告不符合要求的，应退回承办单位、部门补报或重报。

第二百四十二条【督办结果的对外反馈】 对符合要求的督办报告，由审判管理办公室整理上报材料，并送部门领导审稿。一般案件、事项报分管副院长审批，重要案件、事项或院长明确要求将答复意见报审核的，报院长审核签发后，督办事务管理人员于次日内通过机要办上报或回复来文单位，反馈对象为人大代表、政协委员的，报本院联络办，由联络办反馈人大代表、政协委员。

第二百四十三条【督办系统网上流程与节点添加】 督办工作实行网上办理，包括督办立项和督办办理两个部分。督办立项包括“收文”“登记”“确定承办单位”“报批”四个节点。督办办理包括“督办通知”“催办”“办理情况”“审批”“上报”“办结”六个节点。除

“办理情况”“审批”节点外，其余节点由审判管理办公室添加。

第二百四十四条【督办事务管理人员的权力界限】 审判管理办公室的督办事务管理人员在办理督办事务过程中，不得对案件裁判结果发表意见。

第二百四十五条【督办案件归档】 督办案件办结后，审判管理办公室将办结时间、办理结果进行登记，以备查询和统计。同时按照档案管理和公文处理有关规定，及时将材料收集整理，立卷归档。

第九章 法官履职保障

第一节 法官依法办案保障

第二百四十六条【保障法官依法独立行使审判权】 法官依法审判不受行政机关、社会团体和个人的干涉，不执行任何组织、个人违反法定职责或者法定程序、有碍司法公正的要求。

第二百四十七条【保障法官依法履职】 在案件审理的各个阶段，除非确有证据证明法官存在贪污受贿、徇私舞弊、枉法裁判等严重违法审判行为外，法官依法履职的行为不得暂停或者终止。

第二百四十八条【法官职务保障】 法官非因法定事由、非经法定程序，不被免职、降职、降级、辞退或者处分。法官非因法定事由、非经法定程序受到错误免职、降职、降级、辞退或者处分的，法院应当及时予以纠正，或者建议有关机关予以纠正；有关机关不予纠正的，报告上级法院商有关机关纠正。

第二百四十九条【接受调查期间的等级晋升】 法官因接受调查暂缓等级晋升的，后经有关部门认定不构成违法审判责任，或者法官惩戒委员会作出无责或者免责建议的，其等级晋升时间从暂缓之日起连续计算。

第二节 法官履职安全保障

第二百五十条【完善法官人身安全保障应急处理机制】 建立健全法官安全保障应急处理机制。司法警察部门应当设置内部报警系统，向院内公布内部报警热线，并安排司法警察值班接警。在院内办公办案场所发生危及或实际侵害法官人身安全事件的，接警人员接报后，应当立即通知执勤司法警察、公安民警赶赴现场，同时报告司法警察部门领导，并报法官维权委员会办公室。执勤司法警察应当携带录音录像设备固定现场有关证据。

第二百五十一条【加强机关安保】　立案、信访、阅卷、材料接收、调解等接待场所应当安装监控录像，设置防爆筒等安全防护设施，安装连接司法警察部门的内部报警系统。

机关门卫和诉讼服务、审判区域应当安排司法警察执勤。对进入诉讼服务、审判区域的诉讼参与人和其他人员，以及进入办公区域的来访人员应当登记并进行安全检查，人大代表、律师等按照规定无需安检的除外。未经允许，当事人、辩护人、诉讼代理人、信访人不得进入办公区域。

第二百五十二条【庭审安全保障】　所有审判法庭应当配备全程录音录像系统，审判区域与旁听区域应当隔离，审判席、书记员席应当安装连接司法警察部门的内部报警系统。

司法警察部门应当认真履行值庭工作职责。开庭需要司法警察维持法庭秩序的，经承办法官申请，司法警察部门应当派员值庭。

第二百五十三条【扰乱庭审秩序行为的处置】　诉讼参与人和其他人员违反法庭规则，扰乱法庭秩序的，审判长可以依照刑事诉讼法、民事诉讼法、行政诉讼法的规定，当庭予以训诫、责令具结悔过、责令退出法庭等。审判长认为应当予以司法拘留、罚款的，可以指令司法警察控制有关人员，同时立即层报院长批准。

诉讼参与人和其他人员有下列行为，依法应当追究刑事责任的，审判长或者独任法官可以层报院长决定先予司法拘留。执行司法拘留后，司法警察部门应当将有关证据移送公安机关：

（一）聚众哄闹、冲击法庭的；

（二）殴打司法工作人员或者诉讼参与人的；

（三）侮辱、诽谤、威胁司法工作人员或者诉讼参与人，不听法庭制止，严重扰乱法庭秩序的；

(四) 当庭抢夺、损毁证据材料、庭审记录、法律文书和法庭设施等扰乱法庭秩序行为，情节严重的。

第二百五十四条【外出执行公务安全保障】 法官外出执行公务，需要司法警察予以协助的，经庭长审批同意后，司法警察部门应当派员予以协助。

诉讼参与人和其他人员影响和妨害法官执行公务，情况紧急的，司法警察部门接到法官通知后应当立即派员前往协助；执行公务现场距离法院机关较远的，司法警察部门应当协调当地法院司法警察部门或公安机关派员前往协助。

诉讼参与人和其他人员影响和妨害法官执行公务的，法官应当进行批评和教育，需要对诉讼参与人和其他人员予以罚款、司法拘留或者追究刑事责任的，参照本指引第二百五十三条的规定处理。

第二百五十五条【法官人身、财产和住所安全保障】 对法官个人和家庭信息，应当采取适当保密措施，防止因信息不当泄露给法官及其家庭造成伤害。

法官因履行职务致使本人或其家属受到骚扰、跟踪、敲诈、威胁、恐吓、伤害，或者其家庭财产和住所受到威胁、毁损的，应当立即层报院长。经院长批准，司法警察部门应当依法及时对侵害人采取司法拘留等必要措施，制止侵害，并商请公安机关进一步处理；涉嫌犯罪的，应当移交有关机关立案查处。

第二款规定的情形中情况紧急或者法官及其家属人身、财产、住所安全受到重大威胁的，法官可以直接通知司法警察部门，司法警察部门应当立即派员前往保护，控制侵害人，同时商请公安机关派员保护。

审理黑社会性质组织犯罪、恐怖活动犯罪及其他暴力犯罪等案件的法官，可以申请安全保护，经院长审批同意后，司法警察部门应当商公安机关制定安全保护方案，采取安全防范措施。

第三节 法官人格尊严和职业尊荣保障

第二百五十六条【法官权益保障舆情应对机制】 建立健全法官

权益保障舆情应对机制，互联网、广播、电视、报纸、期刊杂志或者微博、微信等自媒体上出现有损法院、法官形象的新闻报道或言论的，法官本人、法院公共关系部门应当立即报告法官维权委员会办公室并及时应对处置。属于举报法官违纪违法的，法院公共关系部门应当转纪检监察部门核查。侵害法官权益事件受社会关注的，法院公共关系部门应当及时将有关情况向社会公布。

第二百五十七条【拒收含有侮辱内容的材料】　诉讼参与人或其他人员在诉讼材料、信访材料中辱骂法院、法官的，可以要求其撤回诉讼材料、信访材料，或者依法责令其具结悔过。情节较重或者拒不具结悔过的，经院长批准，可以依法采取罚款、司法拘留等强制措施。

第二百五十八条【缠访缠诉行为的处置】　诉讼参与人或其他人员在法院及其他党政机关，或者其他公开场所采取举牌、拉横幅、挂标语、喊口号、播放录音口号等非正常方式对法官进行缠访、闹访的，信访部门和司法警察部门应当进行劝告，引导其依法信访和表达意见。不听劝告，继续缠访、闹访，损害法官名誉或者影响法院和其他党政机关办公秩序的，可以依法责令其具结悔过。情节较重或者拒不具结悔过的，经院长批准，可以依法采取罚款、司法拘留等强制措施，或商请公安机关依法采取治安处罚措施。

第二百五十九条【侮辱、诽谤法官行为的处置】　诉讼参与人或其他人员在互联网、新闻媒体、期刊杂志或者微博、微信等自媒体上侮辱、诽谤、诬陷法官，损害法官名誉的，法院公共关系部门应当及时采取措施予以制止。新闻媒体报道失实或者不公正评价损害法官名誉的，法院公共关系部门应当及时采取措施，要求相关新闻媒体为其消除影响，经层报院长，可以依法采取罚款、司法拘留等强制措施。

第二百六十条【对口头书面网络形式举报的处置】　举报人以口头或书面、网络等形式，实名或匿名举报法官违纪违法，法院纪检监察部门应当慎重对待，严格核查。经核查为不实，造成被举报法官名誉受到损害的，法院纪检监察和公共关系部门应当采取措施在相应范围内予以澄清，消除影响。

第二百六十一条【对侵犯法官合法权利的处置】 法院及其工作人员侵犯法官合法权利，法官向所在法院或者上级法院提出控告的，接受控告的法院应当在其权限范围内及时作出处理；超出管辖权限的，应当及时移送有关国家机关处理。

法院以外的国家机关及其工作人员、社会团体和个人侵犯法官合法权利的，法官可以向国家权力机关、行政机关、检察机关、纪检监察机关提出控告，法院应当支持法官的控告，并提供帮助，必要时可以派员向有关机关反映情况、提出意见。

有关机关传讯法官或者对法官采取强制措施的，法院纪检监察部门应当及时了解情况，依法切实维护法官的人身权利和人格尊严。

有关单位和个人损害法官名誉权的，法院应当支持法官依法维护合法权益。

第十章　案件质量评查

第一节　基本规定

第二百六十二条【案件评查定义】 案件评查，是通过对全市法院案件质量、案件庭审（包括二审调查、听证）、裁判文书等进行规范化、制度化的考核检查，评定质量等级、遴选优秀案件、优秀庭审及裁判文书，查改差错，提升审判质量和效率的审判管理工作。

第二百六十三条【案件评查原则】 案件评查工作，应当坚持公开公正、依法客观、严谨规范、评以致用的原则。

第二百六十四条【案件质量评查委员会】 本院设立案件质量评查委员会（以下简称案评委）统一负责案件评查工作。

案评委由主任一名，委员若干名组成。案件质量评查委员会主任由分管审判管理的副院长担任，其他委员由未担任审判业务部门领导职务的审判委员会委员、审判管理办公室主任、研究室主任、监察督查室主任担任。

案评委由主任主持召开，各委员平等并独立发表意见，按照少数服从多数原则形成审核结论。

案评委下设办公室，具体落实组织、协调、监督全市法院案件评查工作。案评办主任由审管办主任兼任。

第二百六十五条【评查合议庭与评查小组】　案评委下设若干评查合议庭，承担具体的评查职能。评查合议庭审判长经指定或选任产生，合议庭成员由评查法官担任，并配备审判辅助人员。

在评查工作需要时，案评委主任可以指定案评委委员担任评查合议庭审判长。

在开展庭审质量、裁判文书质量等专项评查时，可根据工作需要组成评查小组。

第二百六十六条【评查人员的组成】　案评委组织案件评查时，可以在全市法院范围内临时抽选法官组成评查组。

人大代表、政协委员、法学专家、律师等社会人士可担任案件评查院外兼职评查员。院外兼职评查员名单由负责人大代表、政协委员联络工作的部门拟定，报案评委批准。

第二百六十七条【评查的回避】　院内评查员对于自己主审、参与合议或审核的案件应当回避，院外评查员对于与自己有利害关系的案件应当回避。

第二百六十八条【评查标准的原则性规定】　案评委办公室依据相关法律法规及《广东省法院案件质量评查标准（试行）》《广东省法院案件质量监督管理办法》等上级法院要求，结合我市法院实际，制定具体的评查标准。

评查工作中所遇情形缺乏明确规定的，由案评委视具体情况确定评查标准。

第二百六十九条【评查工作量的折抵】　评查员有办案任务的，所进行的评查工作可定量折抵办案任务。

第二节　评查范围

第二百七十条【重点评查范围】　下列重点案件，实行必评必查：

（一）上级法院发回重审、改判、指令审理、指令再审的案件；

（二）上级领导机关正式行文监督的已结案件；

（三）本院二审发回重审、改判后，一审法院审判委员会认为二审发回重审、改判存在重大问题，向本院审判委员会申请审查的案件；

（四）已确认由本市法院进行国家赔偿所涉的诉讼、执行案件；

（五）拟信访终结的案件；

（六）纪检监察部门认为可能存有案件质量问题、违法审判问题提请评查的案件；

（七）审判委员会或院长认为应当评查的其他案件。

第二百七十一条【常规评查与专项评查】　除前述重点案件外，案评委每年度应通过随机抽取的方式开展常规评查，或针对某一类案件、某一项工作开展专项评查。

第三节　评查的启动

第二百七十二条【发回重审、改判案件、指令审理案件、指令再审案件评查的启动】　对被上级法院发回重审、改判、指令审理、指令再审的案件，本院立案部门应在收到上级法院退回的案件材料后 2 个工作日内填写《上级法院发改案件、指令审理、指令再审案件移送评查登记表》一式二份，一份连同一、二审裁判文书送案评办，一份由立案一庭留存备查。

案评办收到《上级法院发改案件、指令审理、指令再审案件移送评查登记表》，应编立评查案号。

对发回重审案件，评查合议庭认为系非因程序违法被上级法院发回重审的案件需要等待重审后再进行评查的，应下达书面中止评查决定书，待案件重审结案后，分别以下不同情形进行处理：

裁判结果与原审一致，没有上诉、抗诉或上诉、抗诉后二审维持原裁判的，案件不再评查，并下达终止评查决定书；

除前述情形外，应在重审程序的裁判生效后，一个月内完成评查。

第二百七十三条【上级机关正式行文监督的已结案件的评查启动】

案评办在收到上级机关正式监督已结案件的行文后，应编立评查案号，并于 2 个工作日内填写《上级机关正式行文监督已结案件评查登记表》一式二份，一份交原审承办部门，一份留存备查。

第二百七十四条【一审法院申请审查的案件评查的启动】 本院审理的二审案件发回重审、改判后，一审法院审判委员会认为二审发回重审、改判存在重大问题，向本院审判委员会申请审查的，应向本院案评办提交书面申请报告。

案评办在收到一审法院申请审查的书面报告后，应编立评查案号，并于2个工作日内填写《一审法院申请审查案件评查登记表》一式二份，一份交原审承办部门，一份留存备查。

第二百七十五条【已确认由本市法院进行国家赔偿所涉的诉讼、执行案件评查的启动】 本院赔偿委员会在已确认由本市法院进行国家赔偿的最终决定作出后，2个工作日内填写《本市法院进行国家赔偿所涉案件移送评查登记表》一式三份并附相关法律文书。一份交国家赔偿所涉的诉讼、执行案件原承办部门或法院；一份送案评办；一份由赔偿委员会留存。

案评办收到《本市法院进行国家赔偿所涉案件移送评查登记表》后，应编立评查案号。

第二百七十六条【拟信访终结案件评查的启动】 立案部门根据《广东法院启动涉诉信访复查、终结程序适用规则（试行）》规定，设立“访终”字案号后，将拟信访终结案件移送评查时，应填写《拟信访终结案件移送评查表》一式二份并附信访终结案立案审批表，一份送案评办，一份由报送部门留存备查。

案件评查委员会办公室收到《拟信访终结案件移送评查表》后，应编立评查案号。

第二百七十七条【纪检监察部门提请评查的启动】 纪检监察部门认为案件可能存有违法审判问题，经院长或院纪检组长批准决定评查的，应及时填写《纪检监察部门提请评查案件登记表》一式三份，一份连同案卷材料移送案评办，一份交相关业务部门，一份由纪检监察部门留存备查。

案件评查委员会办公室收到《纪检监察部门提请评查案件登记表》后，应编立评查案号。

第二百七十八条【审判委员会或院长认为应当评查的其他案件的评查启动】　案评办收到审判委员会或院长对具体案件进行评查的书面决定后，应编立评查案号，并填写《审判委员会或院长决定评查案件登记表》一式二份，一份交原审承办部门，一份由案评办留存备查。

第二百七十九条【常规评查与专项评查的启动】　常规评查由案评委按每人每年至少3宗案件的标准，在中院各审判业务部门一线法官每年办结案件中随机抽取，开展案件质量评查、裁判文书质量评查和庭审质量评查。

专项评查由案评委根据工作需要，采取随机抽查或定向确定的方式，明确评查对象，启动评查工作。

第四节　评查程序

第二百八十条【评查合议制】　案件质量评查实行合议制度，合议庭成员平等并独立发表意见，按照少数服从多数原则形成评查结论。

评查合议庭对案件进行评查合议时，合议内容应包括陈述评查的由来及经过、需要评查的主要问题、评查查明的案件事实、评查案件所涉及的法律适用、被评查案件是否存在瑕疵或错误、被评查案件拟评定的质量等级及依据。

评查合议庭合议，应先由评查承办人发言，其次由非审判长的合议庭成员发言，最后由审判长发言并总结。审判长是承办人的，首轮发言可不陈述其对案件质量等级评定的意见。

评查合议庭合议时，应当依据规定对被评查案件的质量等级做出结论，并应当于评议后5个工作日内出具书面评查报告，被评查案件存在瑕疵或错误的，应逐项列明。

第二百八十一条【评查的调查核实权】　评查合议庭评查案件，具有调查核实权，根据需要可以向两级法院相关部门调取资料，可以采取询问、座谈、走访、听证等形式调查核实案件相关情况，所涉及的部门、人员应当积极配合。

第二百八十二条【评查合议范围】　评查合议庭评查案件，应当严格遵循评查标准，对案件的实体处理、程序规范和工作效率等进行审查、评定。对正在审理的案件，评查不应涉及案件实体处理问题，且以不影响承办法官、合议庭对案件的独立判断为原则。

第二百八十三条【评查中的反馈】　评查合议庭对所评查的案件拟评定其质量等次为瑕疵或问题的，应当与案件承办人、合议庭及所在部门沟通情况进行反馈，听取其申辩意见，必要时组织进行听证。案件承办人、合议庭及所在部门也有权主动提出申辩意见或要求召开听证会。听取申辩和听证，应当制作笔录。

案评委在案件评查完结后，应当将评查结论书面告知或报告相关部门。

第二百八十四条【重点评查的自查期限】　本指引第二百七十条规定的重点评查案件，案评办确立评查案号后，可以直接调取案卷材料组织评查。认为有必要的，可向案件原承办部门发出案件自查通知书。各审判执行业务部门收到自查通知后，应自行调取案卷材料在 10 个工作日内由原合议庭或庭长指定的合议庭完成自查。确有原因不能在 10 个工作日内完成自查的，应书面说明原因，并由部门负责人审核后报案评办批准，可延长 10 个工作日。申请延长自查期限，最多不超过 2 次。

第二百八十五条【重点评查的自查移送】　本指引第二百七十条规定的重点评查案件，各审判执行业务部门自查案件后，应填写《被评查案件自查表》，经部门主要负责人审阅并报经主管副院长审批签署意见后，连同案件相关材料一并送案评办组织评查。

审判执行业务部门逾期未完成自查的，由案评办督办并通报，必要时可组织评查合议庭直接进行评查。

第二百八十六条【重点评查的评查期限】　本指引第二百七十条规定的重点评查案件，案件评查委员会办公室编立评查案号后，应当确定相应的评查合议庭和承办人。

评查期限为 10 个工作日，经案评办主任批准，最多可延长 10 个工作日。

需要自查的案件，评查期限自收到业务部门移交的案件自查表及案卷相关材料后起算。

对于发回重审案件评查期限符合本指引第二百七十二条规定的，依该规定。

第五节　等级评定

第二百八十七条【评查合议庭评定等级】　评查合议庭在合议、听取申辩意见后，对所评查案件的质量等次应作出评议结论。

评查合议庭合议认为被评查案件的质量等级应评定为瑕疵、问题的，应当在书面评查报告出具后填写《瑕疵、问题等级案件评查报送表》，报送案评委审定。

第二百八十八条【案评委的审核决定】　案件质量评查委员会审核后，评定其质量等次为瑕疵的，移送考核部门；评定其质量等次为问题的，报送审委会审定。

第二百八十九条【合格、瑕疵、问题等级的评定】　评查后，合格、瑕疵、问题等级按下列情形评定：

（一）案件在诉讼程序、事实认定、法律适用、审判执行行为及文书制作等方面不存在问题的，评定为合格案件。

（二）案件在诉讼程序、事实认定、法律适用、审判执行行为及文书制作等方面存在不当或其他问题，但不影响裁判结果的正确性、不符合启动审判监督程序的法定条件，或不影响执行结果的正确性，评定为瑕疵案件。

（三）存在下列情形之一的，评定为问题案件：

1. 审理案件时有贪污受贿、徇私舞弊、枉法裁判行为的；

2. 违反规定私自办案或者制造虚假案件的；

3. 涂改、隐匿、伪造、偷换和故意损毁证据材料的，或者因重大过失丢失、损毁证据材料并造成严重后果的；

4. 向合议庭、审判委员会汇报案情时隐瞒主要证据、重要情节和故意提供虚假材料的，或者因重大过失遗漏主要证据、重要情节导致裁判错误并造成严重后果的；

5. 制作诉讼文书时，故意违背合议庭评议结果、审判委员会决定的，或者因重大过失导致裁判主文错误并造成严重后果的；

6. 违反法律规定，对不符合减刑、假释条件的罪犯裁定减刑、假释的，或者因重大过失对不符合减刑、假释条件的罪犯裁定减刑、假释并造成严重后果的；

7. 其他故意违反法定程序、证据规则或者法律明确规定违法审判的，或者因重大过失导致裁判结果错误并造成严重后果的。

第二百九十条【问题等级的排除情形】 对因以下情形被改判、发回重审、指令审理、指令再审的，不评定为问题案件：

（一）对法律、法规、规章、司法解释具体条文的理解和认识不一致，在专业认知范围内能够予以合理说明的；

（二）对案件基本事实的判断存在争议或者疑问，根据证据规则能够予以合理说明的；

（三）当事人放弃或者部分放弃权利主张的；

（四）因当事人过错或者客观原因致使案件事实认定发生变化的；

（五）因出现新证据而改变裁判的；

（六）法律修订或者政策调整的；

（七）裁判所依据的其他法律文书被撤销或者变更的；

（八）其他依法履行审判职责不应当评定为问题等级的情形。

第六节 评查结果的应用

第二百九十一条【瑕疵等级纳入考核内容】 对经评查被认定为瑕疵案件的以及案评委评定为问题案件但审委会核定为瑕疵案件的，案评办应当填写《瑕疵等级案件责任追究移送表》，移送本院考核、考评部门，纳入法官业绩考核、记入业绩档案。

第二百九十二条【问题案件违法审判责任追究】 审委会核定为问题案件的，移交纪检监察部门启动违法审判责任追究程序。

第十一章 审判责任追究

第一节 违法审判责任范围

第二百九十三条【违法审判责任的一般规定】 法官对其履行审

判职责的行为承担责任，在职责范围内对办案质量终身负责。在审判工作中，故意违反法律法规，或者因重大过失导致裁判错误并造成严重后果的，应当承担违法审判责任。

执行员、法官助理、书记员、司法警察等审判辅助人员的责任认定和追究参照法官执行。

第二百九十四条【追责情形】 有下列情形之一的，应当追究法官及相关工作人员的违法审判责任：

（一）审理案件时有贪污受贿、徇私舞弊、枉法裁判行为的；

（二）违反规定私自办案或者制造虚假案件的；

（三）涂改、隐匿、伪造、偷换和故意损毁证据材料的，或者因重大过失丢失、损毁证据材料并造成严重后果的；

（四）向合议庭、审判委员会汇报案情时故意隐瞒主要证据、重要情节和故意提供虚假材料的，或者因重大过失遗漏主要证据、重要情节导致错误裁判并造成严重后果的；

（五）制作诉讼文书时，故意违背合议庭评议结果、审判委员会决定的，或者因重大过失导致裁判文书主文错误并造成严重后果的；

（六）违反法律规定，对不符合减刑、假释条件的罪犯裁定减刑、假释的，或者因重大过失对不符合减刑、假释条件的罪犯裁定减刑、假释并造成严重后果的；

（七）其他故意违背法定程序、证据规则和法律明确规定违法审判的，或者因重大过失导致裁判结果错误并造成严重后果的。

第二百九十五条【免责情形】 因下列情形之一，导致案件按照审判监督程序提起再审后被改判的，不得作为错案进行责任追究：

（一）对法律、法规、规章、司法解释具体条文的理解和认识不一致，在专业认知范围内能够予以合理说明的；

（二）对案件基本事实的判断存在争议或者疑问，根据证据规则能够予以合理说明的；

（三）当事人放弃或者部分放弃权利主张的；

（四）因当事人过错或者客观原因导致案件事实认定发生变化的；

（五）因出现新证据而改变裁判的；

（六）法律修订或者政策调整的；

（七）裁判所依据的其他法律文书被撤销或者变更的；

（八）其他依法履行审判职责不应当承担责任的情形。

第二百九十六条【“故意”的认定】　履行审判职责的行为有下列情形的，应当认定为违法审判中的“故意”：

（一）适用法律、法规、规章、司法解释明显不当，在专业认知范围内不能合理说明的；

（二）适用法律、法规、规章、司法解释明显不当，被有关审判监督、审判管理主体发现指出后，能够纠正而不予纠正的。

第二百九十七条【“严重后果”的认定】　履行审判职责的行为有下列情形的，应当认定为违法审判中的“严重后果”：

（一）导致当事人死亡、人身或财产权利受到损害，当事人申请取得国家赔偿的；

（二）导致较大数额财产损失，无法通过执行回转等方式予以挽回的；

（三）导致矛盾激化或群体性事件，并造成恶劣影响，损害法院、法官形象的。

第二节　违法审判责任承担

第二百九十八条【合议庭责任承担】　合议庭审理的案件，合议庭成员对案件的事实认定和法律适用共同承担责任。进行违法审判责任追究时，根据合议庭成员是否存在违法审判行为、情节、合议庭成员发表的意见和过错程度合理确定各自责任。

第二百九十九条【审判委员会责任承担】　经审判委员会讨论的案件，合议庭、承办法官对其汇报的事实负责，审判委员会委员对其本人发表的意见及最终表决负责。构成违法审判责任追究情形时，根据审判委员会委员是否故意曲解法律发表意见的情况，合理确定委员责任。

审判委员会改变合议庭意见导致裁判错误的，由持多数意见的委员共同承担责任，合议庭不承担责任。审判委员会维持合议庭意见导致裁判错误的，由合议庭和持多数意见的委员共同承担责任。

合议庭汇报案件时，故意隐瞒主要证据或重要情节，或者故意提供虚假情况，导致审判委员会作出错误决定的，由合议庭、承办法官承担责任，审判委员会委员根据具体情况承担部分责任或者不承担责任。

审判委员会讨论案件违反民主集中制原则，导致审判委员会决定错误的，主持人承担主要责任。

第三节　违法审判责任追责程序

第三百条【启动程序】　纪检监察部门根据案件质量评查委员会、审判委员会的评查、审定结果，对移送的违法审判情形，启动违法审判责任调查程序。

第三百零一条【调查程序】　纪检监察部门进行违法审判责任调查，应当采取必要、合理的保护措施，当事法官享有知情、辩解和举证的权利，纪检监察部门应当对当事法官的意见、辩解和举证如实记录，并在调查报告中对是否采纳作出说明。纪检监察部门经调查后，认为应追究法官违法审判责任的，应当报请院长决定，报送法官惩戒委员会审议。

第三百零二条【认定程序】　法官惩戒委员会审议违法审判案件，法院纪检监察部门应当就当事法官的违法审判行为和主观过错进行举证。当事法官有权进行陈述、举证、辩解、申请复议和申诉。

第三百零三条【责任承担形式】　需要追究违法审判责任的，根据轻重程度，分别采取下列措施处理：

（一）责令书面检查、予以通报批评或取消年度评先评优资格、免除审判长职务；

（二）延长晋升法官工资薪级、法官等级年限，或降低法官工资薪级、法官等级，或者停职培训、调离审判岗位、退出法官员额、提请免除法官职务；

（三）给予纪律处分；

（四）移送追究刑事责任。

第三百零四条【执行部门】　予以责任人警告、记过、记大过、降级、撤职、开除等纪律处分的，由监察督查室依据有关规定进行处理。

应予追究违法审判责任的责任人系中共党员的，应由党的纪律检查部门追究其相应纪律责任。

应予追究违法审判责任的责任人已调其他单位的，由监察督查室将其承担违法审判责任情况向该责任人所在单位通报。

应予追究违法审判责任的责任人已退休的，根据其承担责任应给予降级、撤职、开除处分的，按照规定建议组织人事部门相应降低或者取消其享受的待遇。

责任人涉嫌犯罪的，移送有关司法部门追究刑事责任。

对责任人予以批评教育、责令书面检查、责令整改的，由责任人的分管领导负责执行；予以取消评先评优资格、不得晋升法官工资薪级、法官等级或降低法官工资薪级、法官等级、免除审判长职务、停职培训、调离审判岗位、退出法官员额、免除或提请免除法官职务、辞退处理的，由干部处负责执行；予以全院通报批评、诫勉谈话或纪律处分的，由监察督查室负责执行。

第四节　管理监督责任的责任范围与追责程序

第三百零五条【审判监督责任的责任范围】　有下列情形之一的，应当追究负有审判监督职责人员的审判监督责任：

（一）因故意或者重大过失，怠于行使或者不当行使审判监督权，导致裁判错误并造成严重后果的；

（二）违反规定过问案件、干预案件办理的。

第三百零六条【审判管理责任的责任范围】　院庭长应当勤勉尽责履行管理职责，围绕提高办案质量效率，统筹抓好安排部署、检查督促、资源调配等各项工作，并对所分管部门或业务的审判绩效承担管理责任，其个人工作绩效与所分管部门或业务的审判绩效挂钩。

第三百零七条【管理监督责任的追责程序与责任承担】　追究管理监督责任，符合党纪、政纪和审判纪律规定的，按照干部管理有关规定和程序处理。

第十二章　法官考评

第三百零八条【基本原则】　法官考评的基本原则：

（一）平时考评与定期考评相结合的原则。定期考评以平时考评为基础，采取年度考评的方式进行。

（二）分类管理、分类考评的原则。根据法官工作性质和岗位特点，分别制定考评内容和设定考评指标，进行分类考评。

（三）定量考评与定性考评相结合的原则。以量化打分考评为主，同时进行必要的定性评价。

（四）注重实绩、全面评价的原则。以工作质量和效率为重点，进行德、能、勤、绩、廉的全面评价。

（五）客观、公正、公开的原则。严格按照程序进行考评，考评的标准、过程和结果公开。

第三百零九条【组织机构】　法官考评由法官考评委员会负责。法官考评委员会履行以下职责：

（一）审查本院法官考评方案，指导考评工作；

（二）讨论决定法官考评结果；

（三）处理法官不服考评结果的复议申请；

（四）其他应当由法官考评委员会负责的事项。

第三百一十条【机构组成】　法官考评委员会由院领导班子成员组成，全面负责考评工作。法官考评委员会设主任委员 1 人，由本院院长担任。

第三百一十一条【议事方式】　法官考评委员会会议必须有三分之二以上委员出席，方可举行。

法官考评委员会会议按照少数服从多数原则作出决议。决议须经法官考评委员会全体委员二分之一以上多数同意，方可生效。

第三百一十二条【办事机构】　法官考评委员会下设办公室，作为日常办事机构。法官考评委员会办公室设在本院政治部，负责法官考评的具体实施，以及完成法官考评委员会交办的其他工作。

第三百一十三条【考评办法】 法官考评实行百分基准制量化考评，以法官的职位职责和所承担的工作任务为基本依据，其具体内容与方式另行规定。

第三百一十四条【考评结果使用】 考评结果作为调整法官等级、薪级、职务以及法官奖励、培训、交流、辞退等的依据。

第十三章 附则

第三百一十五条【本指引适用范围】 本指引适用于市中级法院。各基层法院可参照本指引，分别制定工作指引。

第三百一十六条【制度冲突的解决】 本指引自发布之日起施行，本院已出台的相关制度与本指引不一致的，以本指引为准。

附一：院庭长个案监督权力清单

对下列案件，院庭长应当进行个案监督，有权要求合议庭报告案件进展和评议结果：

一、涉及群体性纠纷，可能影响社会稳定的

1. 重大集团诉讼案件、系列案件；

2. 对相关区域发展、行业经营和群体利益造成重大影响，可能引发重大群体性事件的案件；

3. 涉及少数民族宗教习俗的敏感案件；

二、疑难、复杂且在社会上有重大影响的

1. 涉及国家外交、安全、邪教组织犯罪的案件；

2. 以市人民政府以上的行政机关为被告的案件（不动产登记行为、行政复议行为除外）；

3. 检察机关抗诉或提出检察建议的案件；

4. 有重大影响的涉外、涉港澳台案件；

5. 要求本院或同级司法机关国家赔偿的案件；

6. 厅（局）级以上的职务犯罪案件；

7. 当事人是市级以上人大代表、政协委员的案件或涉及媒体、社会知名人士、知名品牌和企业的案件；

8. 职务犯罪罪犯、破坏金融管理秩序和金融诈骗犯罪罪犯、黑社会性质组织犯罪罪犯的减刑假释案件；

三、与本院或者上级法院的类案判决可能发生冲突的

1. 与本院或上级法院的已生效类案判决、待生效类案判决可能发生冲突的案件；

2. 与本院正在审理的其他同系列案件需要统一裁判标准的案件；

3. 被上级法院发回重审、指令审理或指令再审的案件；

四、反映法官有违法审判行为或法官遇到干预过问情形的

1. 有关单位或个人反映法官有违法审判行为的案件；

2. 法官或合议庭遇到非法干预、过问的案件；

3. 引起舆论炒作、可能对案件裁判产生不当影响的案件。

五、其他特殊案件情形

一审拟判处缓刑或二审拟改判为缓刑的刑事案件，可能与本院或上级法院的已生效类案判决、待生效类案判决存在冲突的。

六、庭长个案监督权力清单的附加情形

合议庭承办非所在审判业务庭的分流案件，合议庭意见与分流案件业务部门形成的处理意见相冲突的，庭长亦有权监督。

附二：院庭长行使个案监督权的方式

一、庭长对提请监督的案件，应当先行提交专业法官会议讨论，再提请副院长监督。专业法官会议意见与合议庭评议结果不一致的，合议庭应当参考专业法官会议的主要意见进行复议，并将结果报庭长。

二、副院长对提请监督的案件，可以按程序直接提交审判委员会讨论，必要时可提请院长监督。

三、对要求本院或同级司法机关国家赔偿的案件，应先行提交本院赔偿委员会讨论决定。赔偿委员会主任认为需要提交审判委员会讨论决

定的，应当提交审判委员会讨论决定。

四、院长、副院长、审判委员会专职委员及庭长在履行监督职责中不得擅自变更合议庭的决定。

附三：院庭长审批事项清单

一、院长、副院长审批事项清单

下列案件审理中的程序性事项，合议庭评议后应报庭长先行审核签署明确意见后，报请分管副院长或院长审批：

（一）减、免交诉讼费；

（二）向上级法院请示变更案件管辖或依职权移送其他法院管辖；

（三）采取拘传、搜查、拘留、罚款等民事制裁措施的决定及复议决定；

（四）变更、解除强制措施的决定；

（五）审判人员的回避决定及复议决定；

（六）裁定不予受理、拒绝承认与执行或承认与执行外国和香港、澳门特别行政区的仲裁裁决；裁定不予受理、拒绝承认和执行或承认与执行外国法院的生效民事判决；裁定不予受理、不予认可与执行或予以认可与执行台湾地区法院的生效民事判决、民事调解书、支付命令；

（七）经审判管理办公室审核的合议庭延长审限申请；

（八）依照法律规定应当报请院长审批的其他程序事项。

二、庭长审批事项清单

下列案件审理中的事项，合议庭评议后应报庭长审批：

（一）受理破产案件的意见或裁定；

（二）确认取回权、抵销权、法定优先权成立的批复；

（三）许可破产管理人实施《企业破产法》第二十六条规定行为的批复；

（四）强制批准重整计划的裁定；

（五）终结破产程序的裁定。

附四：执行工作审签权限清单

一、承办法官（执行员）的审签权限

（一）执行监督案件的承办法官，可自行签发以下文书：

1. 听证传票、提押票；

2. 限期举证（答辩）通知书；

3. 委托调查函、委托送达函；

4. 协助查询通知书，查封、扣押、冻结被执行人财产的协助执行通知书；

5. 其他程序性事项的通知或公告。

（二）执行实施案件承办法官（执行员）的审签权限

执行实施案件承办法官（执行员）可自行签发下列文书：

1. 执行通知书，恢复执行通知书；

2. 查封、扣押、冻结、划拨、拍卖、变卖被执行人非特定财产的执行裁定书，财产报告令；

3. 传票，提押票，听证通知书，举证通知书，准予延期听证通知书，准予延期举证通知书；

4. 委托调查函，委托送达函，商请移送执行函，移送执行通知书，转交参与分配申请书函；

5. 协助查询通知书，查封、扣押、冻结被执行人财产的协助执行通知书，扣划银行存款通知书，查封、扣押、冻结、划拨财产通知书，查证结果通知书；

6. 履行到期债务通知书，限期追回财产通知书；

7. 评估、审计、鉴定移送表，参加摇珠通知书，选定评估、拍卖机构通知书，审计、评估结果通知书，评估报告复核通知书，拍卖通知书，拍卖结果通知书；

8. 产权异议公告，变卖公告，因当事人下落不明的送达公告；

9. 第二次司法网络拍卖移送表，流拍后的变卖移送表，流拍后的抵债通知书；

10. 执行拘留通知书；

11. 恢复拍卖通知书；

12. 其他程序性事项的通知或公告。

二、审判长（执行长）的审签权限清单

（一）执行监督案件审判长可签发下列文书：

1. 通知书、调查函、督办函、调卷函；

2. 驳回执行异议裁定书；

3. 驳回执行复议请求裁定书；

4. 驳回案外人异议裁定书；

5. 恢复执行审查案件中作出的轮候查控冻执行裁定书、协助执行通知书、告知情况通知书；

6. 信访、监督类案件转办函，报告案件执行情况通知书；

7. 恢复执行案件审查表；

8. 执行异议、复议案件、案外人异议案件准予撤回异议、复议或按自动撤回异议处理的裁定书。

（二）执行实施案件审判长（执行长）可签发下列文书：

1. 拍卖公告；

2. 解除保全担保财产的执行裁定书与协助执行通知书；

3. 债务履行完毕解除对被执行人财产控制措施的执行裁定书与协助执行通知书；

4. 500 万元以下（含本数）的执行款划款通知书；

5. 执行完毕的结案裁定文书及结案审批表；

6. 终结执行的结案裁定文书及结案审批表；

7. 续控函、案件执行完毕的撤控函；

8. 执行财产分配方案；

9. 执行异议、案外人异议案件移送审批表；

10. 本院规定的其他与执行实施案件审判长（执行长）审签权限相适应的法律文书。

三、处长的审签权限清单

下列文书应报请处长签发：

（一）拍卖、变卖、以物抵债或转移权属的执行裁定书与协助执行通知书；

（二）案件执行完毕之前当事人申请解除对被执行人财产控制措施的执行裁定书与协助执行通知书；

（三）强制执行对被执行人负有到期债务第三人财产的执行裁定书；

（四）500万元以上（不含本数）1000万元以下（含本数）的执行款划款通知书；

（五）委托拍卖合同、暂缓（停止）拍卖通知书；

（六）终结本次执行程序的结案裁定文书及结案审批表；

（七）审判长（执行长）所承办案件的结案裁定文书及结案审批表；

（八）控制、处分执行担保人财产的执行裁定；

（九）追究擅自处分被查封、扣押、冻结财产责任人、擅自解除冻结款项造成后果的金融机构、擅自支付收入、股息或办理股权转移手续的有关单位赔偿责任的执行裁定；

（十）因案外人提供担保解除被执行人财产控制措施的执行裁定书；

（十一）悬赏执行决定或悬赏执行公告，纳入失信被执行人名单、限制消费的决定；

（十二）符合司法解释规定删除失信被执行人名单信息，撤销、纠正失信被执行人名单信息；其他特殊原因删除失信被执行人名单信息；

（十三）驳回执行申请的执行裁定书、执行回转的执行裁定；

（十四）移送公安机关侦查函；

（十五）是否受理执行异议、执行监督案件；

（十六）变更或撤销执行行为的裁定；

（十七）变更或撤销基层法院执行异议裁定；

（十八）终结、中止执行异议、复议或监督案件审查的裁定；

（十九）执行信访案件、督办案件的处理意见，指定执行、指定执行裁定书；

（二十）执行监督函；

（二十一）依照执行监督程序作出的驳回执行监督请求的文书；

（二十二）支持案外人异议的裁定；

（二十三）拘留、罚款决定的复议案件，经审查复议理由不成立维持原决定的；

（二十四）变更合议庭审批表；

（二十五）其他应由院、局领导签发以外的函、报告。

四、副局长的审签权限清单

下列事项或文书，经处领导审核后报请副局长审签：

（一）案件未执行完毕的撤控函；

（二）1000 万元以上（不含本数）5000 万元以下（含本数）的执行款划款通知书；

（三）案件指定执行、提级执行报告；

（四）报请上级法院进行协调或请示的报告；

（五）回复上级法院案件执行情况或监督情况的报告；

（六）重大信访、督办案件的处理意见；

（七）主管副院长（或局长）授权签发的其他文书或审批的其他事项。

五、主管副院长（或局长）的审签权限清单

下列事项或文书，逐级报请主管副院长（或局长）批准或签发：

（一）边控对象呈批表、限制或解除限制出入境执行裁定书；

（二）拘传票、搜查令及拘留、罚款等民事制裁决定书；

（三）变更、解除强制措施之决定、裁定或通知书；

（四）申请延长执行期限审批表；

（五）根据院长授权对执行人员的回避决定及复议决定；

（六）清场、移交动产、不动产等重大外勤行动方案与协调以及重大敏感案件强制实施行为的方案报告及法律审查意见；

（七）强制迁出房屋或强制退出土地的公告；

（八）5000 万元以上（不含本数）的执行款划款通知书；

（九）有权机关督办案件或在本市有重大影响的案件的有关报告、处理意见及其裁决文书；

（十）院审管办督办案件答复呈批表、报请院审委会讨论呈报表；

（十一）执行过程中其他重大事项的决定。

六、院长的审签权限清单

按照法律、司法解释及有关规定应由院长签发的文书，由主管副院长（或局长）审核签注意见后报院长签发。

七、特殊情形的审签

（一）审判长（执行长）所承办案件的执行完毕的结案裁定文书及结案审批表、终结执行的结案裁定文书及结案审批表以及 500 万元以下（含本数）的执行款划款通知书，由处长审签。

（二）处长、副局长作为执行实施案件承办人时，除依照《工作指引》规定可由承办法官（执行员）自行签发的文书外，应将文书报具有上一级签发权限者签发。

附五：经审委会讨论案件裁判文书的制作时限与审核签发

一、制作时限

对经审判委员会讨论决定的刑事案件，合议庭一般应于审委会决议作出之日起 3 个工作日内完成裁判文书的制作和签发。

特别重大、疑难、复杂的，合议庭一般应于审委会决议作出之日起 7 个工作日内完成裁判文书的制作和签发。

对立案、审监、民事、商事、行政案件，合议庭一般应于审委会决议作出之日起 5 个工作日内完成裁判文书的制作和签发。

特别重大、疑难、复杂的，合议庭一般应于审委会决议作出之日起

10 个工作日内完成裁判文书的制作和签发。

二、审核签发

经审判委员会讨论决定的案件的裁判文书文稿，合议庭必须附审判委员会笔录，依次由承办法官、合议庭其他成员、审判长签署后报庭长审核。庭长根据审判委员会笔录核对无误后签发，并对文书结论与审判委员会决议的一致性负责。

由审判委员会委员参加合议庭或担任审判长审理的案件，且经审判委员会讨论决定的，裁判文书文稿必须附审判委员会笔录，依次由承办法官、合议庭其他成员、审判长签署后报院长或受院长委托的副院长审核。院长或受院长委托的副院长根据审判委员会笔录核对无误后签发，并对文书结论与审判委员会决议的一致性负责。